Hauswirtschaft • 7. Jahrgangsstufe • Realschule

Arbeitsplatz Haushalt heute

von
Yvonne Schuster
Uta Wagner

Dr. Felix Büchner/Handwerk und Technik • Hamburg

Umschlaggestaltung: Harro Wolter, Hamburg
Illustrationen: Markus Hegemann, Hamburg

ISBN 3.582.07427.7

Alle Rechte vorbehalten.
Jegliche Verwertung dieses Druckwerkes bedarf – soweit das Urheberrechtsgesetz nicht ausdrücklich Ausnahmen zuläßt – der vorherigen schriftlichen Einwilligung des Verlages.
Verlag Dr. Felix Büchner – Verlag Handwerk und Technik G.m.b.H., Lademannbogen 135, 22339 Hamburg, Postfach 63 05 00, 22331 Hamburg – 1996
Gesamtherstellung: Druckerei zu Altenburg GmbH, Altenburg

Vorwort

Liebe Schülerinnen und Schüler!

Hauswirtschaft – ein lebenspraktisches Fach!

Tatsächlich gibt es kaum ein Schulfach, das es ermöglicht, das Gelernte unmittelbar für die eigene Lebensgestaltung anzuwenden.

Schafft euch zunächst einen Überblick über die Inhalte und Gestaltung eures Hauswirtschaftsbuches, damit ihr euch in ihm »daheim« fühlt!

1. Welche Hauptkapitel umfaßt das Buch?
   Welche Inhalte sind diesen zugeordnet?
2. Wo sind Inhaltsverzeichnis und Stichwortverzeichnis zu finden?
   Worin unterscheiden sich beide?
3. Wo ist die Nährwerttabelle zu finden?
   Wie ist diese untergliedert?

Wir Schulbuchgestalter wollen euch über einige Gestaltungsideen dieses Buches aufklären, die nicht auf den ersten Blick zu erkennen sind.

- Jedem Kapitel sind Rezepte zugeordnet, die zur Theorie der Unterrichtseinheit passen und in der zur Verfügung stehenden Zeit umsetzbar sind.
- Von Seite 128 bis 140 sind weitere Rezeptvorschläge eingefügt, die zum selbständigen Zubereiten zu Hause anregen. Sprecht in der Schule über eure Erfahrungen.
- Wiederkehrende Symbole am Seitenrand erleichtern die Orientierung und das Arbeiten mit diesem Buch.

Arbeitsauftrag	Ihr werdet aufgefordert, das Buch als Arbeitsgrundlage zu benutzen, – eine Frage soll beantwortet, ein Auftrag erledigt, ein Problem gelöst werden.	
Merke	Merksätze enthalten in Kurzform die wichtigsten Inhalte des erarbeiteten Kapitels.	
Rezept	Ihr werdet aufgefordert, kochtechnische Fertigkeiten zu gewinnen.	
Überprüfe dein Wissen	Wiederholende Fragen, die euch Aufschluß geben, ob der vorausgegangene Unterrichtsstoff verstanden und euch nun geläufig ist.	

Wir wünschen euch viel Freude im Fach Hauswirtschaft.

Yvonne Schuster
Uta Wagner

Inhaltsverzeichnis

Vorwort 3

1 Einen Haushalt führen

1.1 Aufgabenbereiche und Arbeitsorganisation im Haushalt 7
    Aufgabenbereiche eines Privathaushaltes 7
    Anfallende Arbeiten im privaten Haushalt 8
    Arbeitsteilung partnerschaftlich planen 10
1.2 Sicherheit im Haushalt 12
    Unfallursachen im Haushalt 12
    Maßnahmen zur Vermeidung von Unfällen 14
    Erste Hilfe bei Unfällen 15
    Richtige Kleidung schützt vor Unfällen in der Schulküche 15
1.3 Überlegtes und umweltbewußtes Einkaufen 17
    Hilfen für den Verbraucher 17
    Gesetzliche Schutzbestimmungen 18
    Richtige Verpackung 20
    Gut informiert – richtig einkaufen 21
    Ein Haushaltsbuch führen 22

2 In der Küche arbeiten

2.1 Arbeitsbereiche und Arbeitsabläufe 24
    Die Küche als Arbeitsplatz 24
    Der zweckmäßig gestaltete Arbeitsplatz 25
    Ein Ämterplan erleichtert regelmäßig wiederkehrende Arbeiten 26
    Durchdachte Reinigungs- und Ordnungsmaßnahmen sparen Zeit 27
2.2 Einsatz und Bedienung von Geräten 29
    Herd – Grill – Mikrowelle 29
    Großgeräte in der Küche – Kühlschrank und Geschirrspülmaschine 33
    Richtige Bedienung von Kleingeräten 36
    Wir vergleichen Hand- und Maschinenarbeit 37
2.3 Unterschiedliche Werkstoffe und Geräte 38
    Wir verwenden und pflegen unterschiedliche Werkstoffe entsprechend ihren Eigenschaften 38
    Wir wählen Kochgeschirr und Arbeitsmittel nach ihrem Verwendungszweck 39
    Wir pflegen Werkstoffe und Geräte hygienisch 41
2.4 Umweltgerechtes Verhalten im Haushalt 42
    Gefahren für die Umwelt durch den Haushalt 42
    Wir entsorgen Hausmüll verantwortungsvoll 43
    Wir bevorzugen umweltfreundliche Pflege- und Reinigungsmittel 45
    Wir sparen Energie und Wasser 45

3 Gesunde Ernährung

3.1 Anforderungen an eine gesunde Ernährung ... 47
    Das Essen der Menschen – früher und heute ... 47
    Auf die richtigen Lebensmittel und die Essenszeiten kommt es an ... 49

3.2 Inhaltsstoffe der Nahrung ... 53
    Wir klären Begriffe ... 53
    Übersicht über die Nährstoffe und deren Aufgaben im Körper ... 54

3.3 Kohlenhydrate ... 57
    Einteilung der Kohlenhydrate ... 57
    Wir versuchen, den Namen der Kohlenhydrate zu klären ... 59
    Wir nutzen bei der Zubereitung von Speisen die Eigenschaften von Zucker und Stärke ... 60
    Bedeutung der Kohlenhydrate für den menschlichen Körper ... 61
    Ursachen und Folgen falscher Kohlenhydratzufuhr ... 62
    Wir berücksichtigen bei der Zubereitung von Speisen ballaststoffreiche Lebensmittel und überprüfen die Eigenschaften der Kohlenhydrate ... 63

3.4 Fette ... 65
    Einteilung der Fette ... 65
    Aufbau der Fette ... 66
    Wir lernen bei Versuchen und bei der Zubereitung von Speisen Fetteigenschaften kennen und nutzen diese ... 67
    Bedeutung der Fette für den menschlichen Körper ... 69
    Ursachen und Folgen falscher Fettzufuhr ... 70
    Wir wählen für unsere Speise ein wertvolles pflanzliches Öl – Sonnenblumenöl – und nutzen Fetteigenschaften ... 71

3.5 Eiweiß ... 73
    Vorkommen von Eiweiß ... 73
    Aufbau von Eiweiß ... 74
    Wir erkennen die Eiweißeigenschaften bei der Zubereitung von Speisen ... 75
    Bedeutung von Eiweiß für den menschlichen Körper ... 77
    Ursachen und Folgen falscher Eiweißzufuhr ... 78
    Wir achten bei unserer Speise auf eine ausgewogene Eiweißzufuhr und nutzen die Eiweißeigenschaften ... 79

3.6 Wasser ... 81
    Vorkommen von Wasser ... 81
    Bedeutung des Wassers für den menschlichen Körper ... 82
    Wir lernen bei der Zubereitung von Speisen und bei Versuchen die Wassereigenschaften kennen und nutzen diese ... 83

3.7 Vitamine ... 87
    Vorkommen und Bedeutung von Vitaminen ... 87
    Fettlösliche Vitamine ... 88
    Wasserlösliche Vitamine ... 88
    Ursachen und Folgen falscher Vitaminzufuhr ... 89

3.8 Mineralstoffe ... 91
    Vorkommen und Bedeutung von Mineralstoffen ... 91
    Ursachen und Folgen falscher Mineralstoffzufuhr ... 93

3.9 Ursachen und Folgen falscher Ernährung – Überblick – ... 95

3.10 Qualitätsmerkmale von Lebensmitteln – wichtig für die Gesundheit ... 96
    Handelsklassen für Obst und Gemüse ... 96
    Handelsklassen für Fleisch ... 96
    Güte- und Gewichtsklassen für Eier ... 97

4 Speisen aus Nahrungsmitteln zubereiten

4.1 Sorgsamer Umgang mit Lebensmitteln 99
 Wir wählen Lebensmittel gezielt aus 99
 Wir lagern Lebensmittel fachgerecht und verarbeiten sie 100
4.2 Wir kochen nach Rezepten 103
 Was verbirgt sich hinter einem Grundrezept? 103
 Aufgaben und Zusammenwirken einiger Zutaten 105
 Auf die richtige Menge und Zutat kommt es an 106
4.3 Richtige Vor- und Zubereitungsarbeiten 108
 Wir gehen mit Meßgeräten und Maßeinheiten sachgerecht um 108
 Wir säubern, zerkleinern und mischen Lebensmittel 109
 Wir lernen verschiedene Möglichkeiten kennen, Lebensmittel zu garen 113
 Wir arbeiten nach heimischen und fremdländischen Rezepten 116

5 Tischkultur pflegen

5.1 Wir beachten Grundregeln der Tischkultur 117
 Soziale Bedeutung einer gemeinsamen Mahlzeit 117
 Wir beachten Grundregeln für verschiedene Gedecke 118
 Wir gestalten einen Tisch 120
 Richtiges Benehmen bei Tisch will gelernt sein 121
5.2 Wir gestalten Klassenfeste 123
 Kirchweih- oder Erntefeste 123
 Ostern 124
 Wir planen ein Sommerfest 125
 Advent und Weihnachten 126

Rezepte 128
Rezeptverzeichnis 141
Nährwerttabelle 142
Literaturverzeichnis 147
Bildquellenverzeichnis 148
Beratungsstellen 149
Verbraucherzentralen/Zeitschriften 150
Sachwortverzeichnis 151

Einen Haushalt führen

1.1 Aufgabenbereiche und Arbeitsorganisation im Haushalt

Aufgabenbereiche eines Privathaushaltes

Im Hauswirtschaftsunterricht wirst du Aufgabenbereiche, die dir aus dem Haushalt zu Hause bekannt sind, wiedererkennen und sachgerecht einüben. Folgende Aufgabenbereiche sind dir aus einem Privathaushalt bekannt:

Die Aufgabenbereiche eines Privathaushaltes sind sehr vielfältig. Sie umfassen:

Ernährung	Speisezettel planen, einkaufen, bevorraten, Speisen zubereiten
Gesundheit	gesundes Essen, Hygiene, seelisches Wohlbefinden
Umweltschutz	Energie sparen, richtiges Einkaufen, Müll vermeiden, trennen und richtig entsorgen
Kleidung	planen, einkaufen, pflegen, instand halten und ausbessern
Wohnung	planen, einrichten, sauberhalten
Einkommens-verteilung	Übersicht über Einnahmen und Ausgaben
Bildung	Erziehung der Kinder, Hausaufgabenbetreuung
Erholung	Freizeitgestaltung, Urlaub

Anfallende Arbeiten im privaten Haushalt

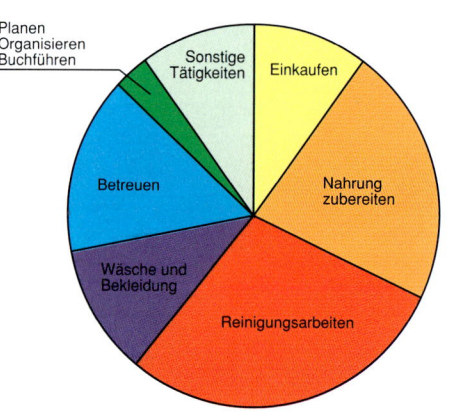

Der »Arbeitsplatz« Haushalt erfordert also vielfältige Fähigkeiten. Er umfaßt Bereiche aus mehreren Berufen. Folgende Grafik zeigt dir, wie die **Arbeit** in einem 4-Personen-Haushalt verteilt ist.

Arbeitsaufträge

Wie du aus der folgenden Statistik ersehen kannst, lehnen Männer eine Mithilfe in einigen Bereichen des Haushalts ab.
○ Diskutiert, woran das liegen könnte, und stellt eine sinnvolle partnerschaftliche Arbeitsteilung für einen 4-Personen-Haushalt auf!
○ Nennt weitere Beispiele aus den Bereichen Sport, Politik und Industrie, die das partnerschaftliche Verhalten fördern und sich positiv auf eine Zusammenarbeit auswirken.

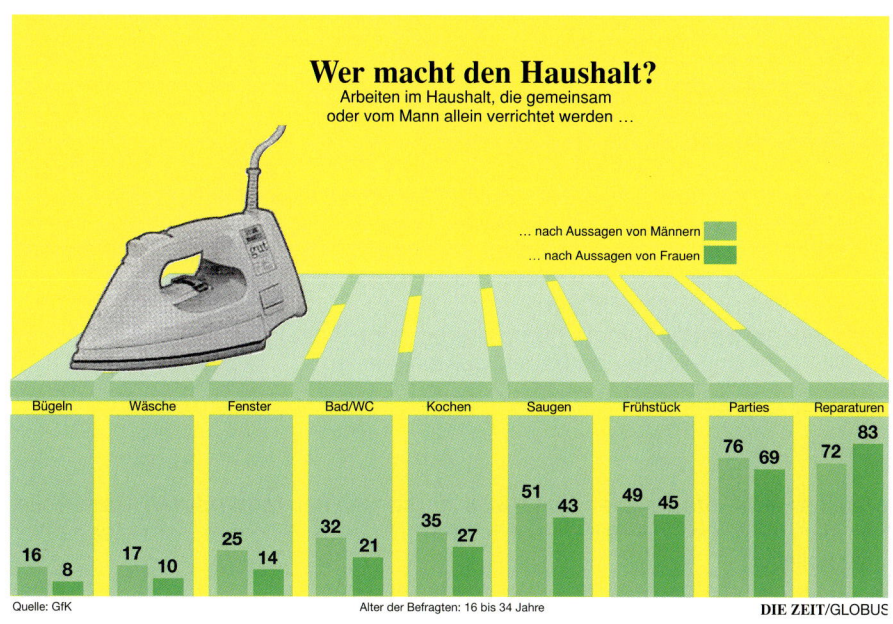

An einem ganz gewöhnlichen Tag fallen in einem Haushalt zum Beispiel folgende Arbeiten an:

Um diese Arbeiten rationell zu erledigen, sollte in jedem Haushalt ein **Tagesplan** erstellt werden.

Arbeitsaufträge

- Erstellt in Gruppen Tagesarbeitspläne für verschiedene Haushalte:
  - für einen 2-Personen-Haushalt
  - für den Fall von Krankheit oder extremer Arbeitsbelastung eines Familienmitglieds
  - für Feiertage bzw. Urlaub
- Überlegt, welche Aufgabenbereiche eines privaten Haushalts auf den Hauswirtschaftsunterricht übertragen werden können!

Manche Haushalte erstellen sich zusätzlich sogar einen **Monatsplan.** Dabei müssen die Familienmitglieder darauf achten, folgende Pflichten partnerschaftlich aufzuteilen:
- ▶ **tägliche** Arbeiten – siehe Tagesarbeitsplan
- ▶ **wöchentliche** Arbeiten – Speiseplan erstellen, einkaufen, Haus/Wohnung gründlich reinigen, Wäsche waschen und bügeln usw.
- ▶ **monatliche** und **unregelmäßige** Arbeiten – Großeinkauf, Haushaltsgeräte, Fenster und Teppiche gründlich reinigen, Kleidung ausbessern, evtl. reinigen, Gefriertruhe abtauen, Ausgaben planen und kontrollieren, Familienfeiern und Urlaub planen, Renovierungsarbeiten, Arzttermine, Bankgeschäfte, Kundendienste und Behördengänge usw.

Merke

- Der private Haushalt umfaßt Tätigkeiten mehrerer Berufe.
- Der moderne »Arbeitsplatz« Haushalt erfordert eine partnerschaftliche Arbeitsaufteilung zwischen den Familienmitgliedern.
- Diese bringt Vorteile für alle mit sich:
  Rationelles Erledigen der häuslichen Pflichten und damit mehr Zeit für das Familienleben und eigene Freizeit.

Arbeitsteilung partnerschaftlich planen

Im Hauswirtschaftsunterricht ist es ebenso wichtig wie im privaten Haushalt, ein Vorhaben richtig zu planen und aufzuteilen. Du arbeitest meist in einer Kochgruppe von drei oder vier Personen. Der Erfolg in der Gruppe hängt von einer optimalen Arbeitsorganisation ab.

Knusperjoghurt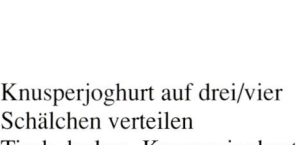

4	Joghurt Natur	Joghurt mit dem Honig verrühren
2 EL	Honig	
50 g	Walnüsse	Nüsse kleinhacken
1	Apfel	Äpfel waschen, halbieren, vierteln, entkernen, in Scheiben schneiden
		Nüsse und Apfelscheiben zu dem Joghurt geben, vermischen, abschmecken

Knusperjoghurt auf drei/vier Schälchen verteilen
Tisch decken, Knusperjoghurt servieren

Folgende Tabelle zeigt dir eine mögliche Lösung für einen Organisationsplan.

Schüler	Arbeitsschritte	
1	1/2 Apfel vorbereiten und schneiden	Glasschälchen vorbereiten
2		Arbeitsfläche säubern
3	Walnüsse hacken, Joghurt aufteilen	
4	Joghurt verrühren, Tisch decken, Joghurt fertigstellen	
Bei einer 3er Gruppe werden die Arbeitsschritte des 4. Schülers noch verteilt!		

Überprüfe dein Wissen

① Das Fach »Hauswirtschaft« beinhaltet viele Aufgabenbereiche. Nenne sie!
② Erkläre, warum eine partnerschaftliche Arbeitsteilung sowohl im privaten Haushalt als auch im Fach Hauswirtschaft notwendig ist!

1.2 Sicherheit im Haushalt

Unfallursachen im Haushalt

Wie du der Grafik entnehmen kannst, geschehen die meisten Unfälle zu Hause, also im privaten Haushalt. Meldungen von schweren Verkehrsunfällen oder Katastrophen erschrecken uns zwar fast jeden Tag, da sie oft mit schrecklichen Bildern illustriert werden, dabei wird uns aber nicht bewußt, wie gefährlich der »Arbeitsplatz« Haushalt sein kann.

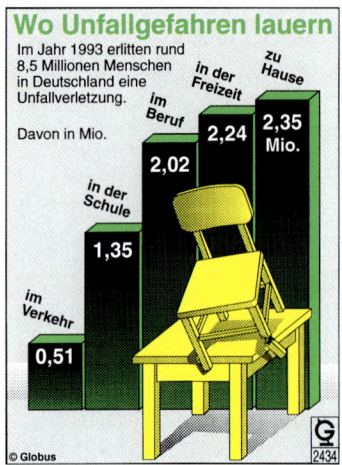

Unfallursachen sind häufig
- **eigenes Fehlverhalten,** wie z. B. falsche Arbeitskleidung, Unachtsamkeit und Unwissenheit, übertriebener Eifer, Streß durch zu viele Arbeiten gleichzeitig, zu wenig beaufsichtigte Kinder,
- **falsche Bedienung und technische Mängel** der immer zahlreicheren Elektrogeräte
- **falsches Werkzeug/Arbeitsmaterial** zum Arbeiten.

Im Hauswirtschaftsunterricht, wo drei oder vier Schülerinnen und/oder Schüler zusammenarbeiten, ist die Unfallgefahr noch größer als im privaten Haushalt. Hier ist es wichtig, mögliche Unfallursachen rechtzeitig zu erkennen, um Unfälle zu vermeiden. Dabei helfen uns zunächst unsere Sinnesorgane:

Die **Augen** sehen zum Beispiel
verschüttete Speisen, einen fettbespritzten Boden, wirr hängende Kabel, ein überstehendes Küchenmesser.

Die **Ohren** hören zum Beispiel
rauschendes Wasser, das Zischen des Dampfdrucktopfes, das Knistern in einem elektrischen Gerät.

Die **Nase** riecht zum Beispiel
überhitztes Fett, schmorende Kabel, ein Ansengen des Topflappens.

Die **Hände** (Tastsinn) fühlen zum Beispiel
überhitzte Geräte, noch warme Herdplatten.

Um künftig Unfälle zu vermeiden, solltest du aber auch die möglichen Unfallarten am »Arbeitsplatz« Haushalt kennen.

Arbeitsauftrag

Betrachtet folgende Bilder, und beschreibt, welche Arten von Unfällen auftreten können.

Maßnahmen zur Vermeidung von Unfällen

Stürze
- ▶ Beseitige sofort Abfälle, wische Fett und Verschüttetes sofort auf!
- ▶ Achte stets auf rutschsichere Teppiche und Schuhe!
- ▶ Verrichte höher gelegene Arbeiten nur mit einer Haushaltsleiter!
- ▶ Bringe hängende Kabel sicher unter!

Verbrennungen
- ▶ Verwende immer einen Topflappen!
- ▶ Achte beim Einkauf auf wärmeunempfindliche Griffe!
- ▶ Lasse Fett nie unbeaufsichtigt auf dem Herd!
- ▶ Achte darauf, daß Pfannenstiele nicht über Herd- oder Tischkanten stehen!
- ▶ Gieße heiße Flüssigkeiten vom Körper weg aus!
- ▶ Gib nie Wasser zu heißem Fett!
- ▶ Öffne den Schnellkochtopf nie mit Gewalt!

Stromunfälle
- ▶ Bringe unter Strom stehende Elektrogeräte nie mit Wasser in Verbindung, und ziehe vor dem Reinigen den Stecker aus der Steckdose!
- ▶ Fasse sie nur mit trockenen Händen an!
- ▶ Ziehe die Stecker nie am Kabel aus der Steckdose!
- ▶ Kaufe nur Geräte mit einem Sicherheitszeichen! (Siehe Prüfzeichen S. 36)
- ▶ Benutze während des Badens keine Elektrogeräte!

Schnittwunden
- ▶ Wende beim Schneiden den Krallgriff an!
- ▶ Laufe mit spitzen oder scharfen Gegenständen nicht umher!
- ▶ Spüle Messer einzeln und lege sie nicht ins Spülwasser!
- ▶ Benutze Dosenöffner, die einen glatten Rand schneiden!
- ▶ Wirf Scherben nicht lose in den Abfalleimer!
- ▶ Verwende bei der Brotmaschine immer den Restehalter, bei Fleischwolf-, Reib-, Schneid- und Schnitzelwerken den Lebensmittelstopfer!
- ▶ Wechsle die Einsätze der Geräte nur aus, wenn du vorher die Stromzufuhr unterbrochen hast!

Vergiftungen
- ▶ Bewahre ätzende und giftige Flüssigkeiten nur in deutlich gekennzeichneten Flaschen auf!
- ▶ Bewahre Medikamente, Putz- und Reinigungsmittel vor Kindern sicher auf!
- ▶ Räume Putzmittel und Chemikalien nicht zusammen mit Lebensmitteln ein!

Erstickungen
- ▶ Achte darauf, daß kleine Kinder keine Plastiktüten oder lose Bänder zum Spielen benutzen!
- ▶ Sorge nach Möglichkeit für eine Aufsicht!

Erste Hilfe bei Unfällen

Jede Schulküche muß für eventuelle kleine Unfälle ausgerüstet sein. Erste Hilfe kannst du aber nur leisten, wenn du den richtigen Ablauf kennst.

Was tun bei Unfall? RUHE bewahren und handeln

Vergiftungen
- Notruf
- Wasser reichen
- Brechreiz unterstützen

innere Verätzungen
- Notruf
- Wasser reichen
- Erbrechen sofern möglich verhindern

äußere Verätzungen
- Notruf
- Haut mit Wasser gut abspülen

Stürze
- bei schweren Stürzen stabile Lage (Seitenlage) auch den Arzt holen

Schnittwunden
- kleine Wunden desinfizieren und mit Pflaster abdecken
- große Wunden mit steriler Wundauflage abdecken
- Arzt holen

Verbrennungen
- bei Rötung und kleinen Blasen (1./2. Grad) mit kühlem Wasser beruhigen und verbinden
- starke Verbrennungen (3. Grad) mit steriler Wundauflage bedecken
- Arzt holen

BEACHTE BEI NOTRUF
- Nenne Name und Adresse!
- Nenne die Verletzungsart und Anzahl der Verletzten!
- Schilder den Hergang genau!
- Laß dich zur Ersten Hilfe anleiten!

Merke

○ Das frühzeitige Erkennen von Unfallursachen kann eine große Zahl von Unfällen verhindern!
○ Wirksame Erste Hilfe trägt dazu bei, daß die Unfallfolgen abgemildert werden!

Richtige Kleidung schützt vor Unfällen in der Schulküche

Trage stets eine Schürze, sie schützt die Kleidung und die Haut. Achte auf flache, rutschfeste Schuhe. Vermeide zu viele Ringe, Armbänder und Ketten, oft sammeln sich Schmutz oder Seifenreste darunter. Sie können auch an Küchengeräten hängenbleiben. Binde lange Haare aus hygienischen Gründen zusammen. Benutze stets Topflappen für heiße Pfannen, Töpfe und Backbleche!

Nudelpfanne

	Salzwasser	Wasser, Salz und Öl zum Kochen bringen, Nudeln ins kochende Wasser geben und ca. 10–12 Min. garen lassen
1 EL	Öl	
125 g	Vollkorn-Nudeln	

100 g	Schinkenspeck	Speck in Würfel schneiden, Champignons aus der Dose nehmen, Schinkenspeck in Butter anbraten, Gemüse zufügen und Crème fraîche dazugießen, alles kurz aufkochen lassen
1/2 Dose	Champignons	
10 g	Butter	
50 g	Erbsen, tiefgefroren	
1 Becher	Crème fraîche	

Nudeln nach Ende der Garzeit in ein Sieb gießen und abtropfen lassen, Nudeln mit der Gemüsemasse mischen

	Salz, Pfeffer, Muskat	würzen und abschmecken
1/2 TL	Speisewürze	
1 TL	Parmesankäse	

Nudelgericht mit Parmesankäse bestreuen und servieren

Überprüfe dein Wissen

① Zähle mögliche Unfallgefahren bei der Zubereitung unserer Speise auf! Wie erkennst du sie rechtzeitig?
② Wiederhole noch einmal die Unfallarten! Ordne jeder jeweils zwei Unfallschutzregeln zu!
③ Nenne die wichtigste Verhaltensregel, für den Fall, daß doch ein Unfall passiert ist!
④ Wie kannst du dich durch richtige Kleidung vor Unfällen schützen?

1.3 Überlegtes und umweltbewußtes Einkaufen

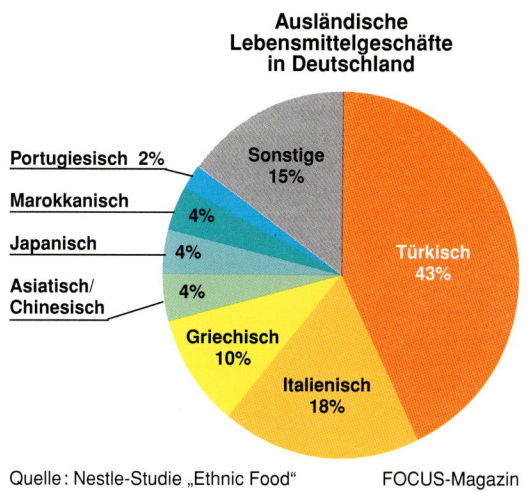

Gefrorenes

Köln (ap) – Tiefkühlkost ist weiter heißbegehrt: Wie das Deutsche Tiefkühlinstitut am Freitag in Köln bekanntgab, kauften die Bundesbürger im vergangenen Jahr knapp 1,5 Millionen Tonnen eingefrorene Ware im Wert von 10,5 Milliarden Mark. Dies waren 3,5 Prozent mehr als im Vorjahr. Dadurch erhöhte sich der Pro-Kopf-Verbrauch in Deutschland um ein halbes auf 18,3 Kilogramm.

OVB/5.95

In den letzten Jahrzehnten hat sich das Warenangebot in Deutschland gewandelt und vergrößert. Nicht nur die Art der angebotenen Waren (frisch, tiefgekühlt, konserviert oder getrocknet), sondern auch Lebensmittel aus anderen Ländern bereichern unseren heimischen Markt. Diese Warenvielfalt wird ergänzt durch eine Vielzahl von Einkaufsstätten: Supermärkte, Kaufhäuser, Einkaufszentren, Fachgeschäfte, Wochenmärkte, Versandhäuser u. a.

Hilfen für den Verbraucher

Bei einem so großen Angebot ist es ratsam, sich schon vor dem Einkauf über die Produkte zu informieren. Hierbei stehen dir unterschiedliche Verbraucherinformationen zur Verfügung. Die **Produktwerbung** spricht vorwiegend Gefühle des Verbrauchers an und läßt oft sachliche Information vermissen. Jedoch erfüllt sie in unserem Wirtschaftssystem eine wichtige Aufgabe:

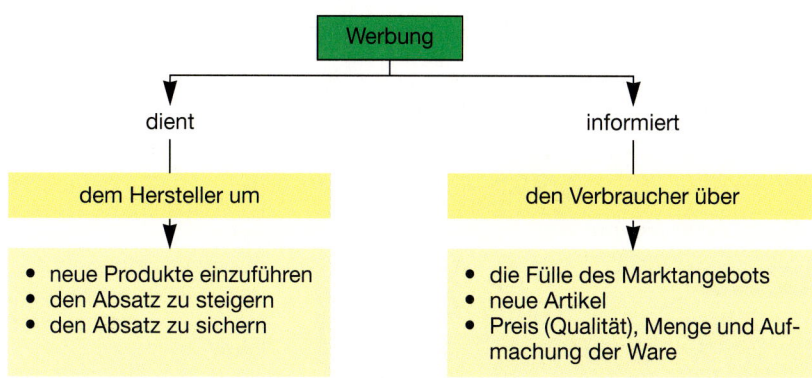

Durch **Zeitschriften** und **Broschüren** wird der interessierte Verbraucher eingehend informiert. Alle wichtigen Testergebnisse werden aber auch in Zeitungen, im Radio und im Fernsehen veröffentlicht.
Beratungsstellen, die sich in jeder größeren Stadt befinden, werden vom Staat finanziell unterstützt und sind somit firmenunabhängig. Sie i**nformieren, beraten, überprüfen** und **helfen.**

Erkundige dich nach einer dir nahen Verbraucherberatungsstelle!

Gesetzliche Schutzbestimmungen

Die Hersteller von Waren müssen gesetzliche Schutzbestimmungen beachten. Dazu zählt die **Warenkennzeichnung.** Sie dient der Information des Verbrauchers und gibt ihm Sicherheit, die richtige Ware eingekauft zu haben. Ein Lebensmittelprodukt sollte mit folgenden Angaben versehen sein:

1. **Verkehrsbezeichnung**
   Sie benennt den Inhalt genau. Phantasienamen sind nicht zugelassen.
2. **Mengenangabe**
   Sie wird in Liter, Gramm, Kilogramm oder in der Stückzahl angegeben. Bei Konserven zum Beispiel muß neben der Füllmenge noch das »Abtropfgewicht« angegeben werden.
3. **Mindesthaltbarkeitsdatum**
   Es gibt den Zeitpunkt an, bis zu dem das Lebensmittel bei richtiger Lagerung (eine bestimmte Lagertemperatur muß eventuell ebenfalls angegeben werden) haltbar bleibt, d. h. gefahrlos verzehrt werden kann.

4. **Zutatenliste**
   Sie gibt über die Zusammensetzung eines Lebensmittels Aufschluß. An erster Stelle steht die Zutat mit dem höchsten Gewichtsanteil. **Zusatzstoffe** in einem Produkt müssen vermerkt werden. Sie werden mit in der EU gültigen **E-Nummern** gekennzeichnet. Diese stehen anstelle der Stoffnamen: E 440 bedeutet z. B. Pektin (ein Verdickungsmittel), E 200 ist Sorbinsäure (ein Konservierungsstoff) und E 150 ist Zuckercouleur (ein Farbstoff). Verzeichnisse der Zusatzstoffe, die Allergien auslösen können und deren Nummern den Verbrauchern wenig sagen, kann sich der Kunde bei einer Beratungsstelle besorgen.
5. **Name und Anschrift des Herstellers/Ursprungsland**
   Sie sind Ansprechpartner bei Reklamationen. Das Ursprungsland gibt dem Verbraucher Aufschluß über die Herkunft der Produkte.
6. **Preis**
   Er kann für das Gewicht, die Füllmenge oder Stückzahl angegeben werden. Neuerdings sind viele Produkte mit einem **Strichcode** (EAN-Code) versehen, einer europäischen Artikelnumerierung. Er setzt sich aus Kennziffern für den Hersteller + Artikelnummer + Prüfziffer zusammen, kann maschinell gelesen werden und ist mit dem Preis kombiniert.

z. B. 8 entspricht Italien
      4   "   Deutschland
      0   "   USA
      3   "   Frankreich

Weitere Kennziffern sind bei den Beratungsstellen zu erfragen.

Einige Lebensmittel können neben der oben erwähnten Warenkennzeichnung noch mit Angaben der **Güte- oder Handelsklassen** versehen sein (siehe Qualitätsmerkmale von Lebensmitteln S. 000). Darüber hinaus kann ein Unternehmen seine Produkte von neutraler Stelle überwachen lassen und so ein **Gütezeichen** erwerben, das für Qualität bürgt.

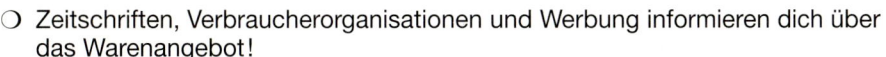

- Zeitschriften, Verbraucherorganisationen und Werbung informieren dich über das Warenangebot!
- Achte vor einem Kauf von Geräten (z. B. CD-Player) auf Testergebnisse in Verbraucherzeitschriften!
- Plane deinen Einkauf sorgfältig: kurze Wege, das richtige Geschäft, Einkaufsliste, eigene Tasche, Preisvergleiche!
- Lies die Warenkennzeichnung genau durch!
- Überprüfe dabei stets das Mindesthaltbarkeitsdatum!
- Vermeide es, zu große Mengen und unnötige Waren zu kaufen!
- Handle gesundheitsbewußt: Vermeide Produkte mit Zusatzstoffen! Achte bei Obst und Gemüse auf die Saison und die Behandlung!
- Handle umweltbewußt: Lehne zuviel Verpackung ab und bevorzuge inländische Produkte!

Richtige Verpackung

Das **Eichgesetz** gibt Aufschluß über die Fertigpackungsverordnung. Fertigpackungen müssen so gestaltet sein, daß sie keine größere Füllmenge vortäuschen, als in ihnen tatsächlich enthalten ist. Dadurch sollen Hohlböden, doppelte Verpackungen, Kartons mit Lufträumen unterbunden werden. Da die Müllberge ständig anwachsen, achte schon beim Einkauf auf möglichst unverpackte oder nur einmal verpackte Lebensmittel, wähle Pfandflaschen, und bevorzuge Glas und Papier statt Plastik. Sortiere die restliche Verpackung nach dem Einkauf so, daß die einzelnen Materialien wiederverwertet werden können. Dies betrifft vor allem: Joghurtbecher, Plastikverpackungen, Metalle, Gläser usw.

Sauerkirschbecher

1 kl. Glas	Sauerkirschen	Kirschsaft abgießen und in einem Topf erhitzen
1 EL	Speisestärke	mit etwas Kirschsaft anrühren, in den kochenden Saft einrühren, Kirschen untermengen
3 EL	Zucker	
1 P.	Vanillinzucker	mit dem Rührgerät verrühren
250 g	Quark	
100 ml	süße Sahne	darunermischen

Quarkmasse und Sauerkirschen schichtweise in Eisbecher füllen. Mit Waffelröllchen und einigen Kirschen verzieren

Überprüfe dein Wissen

① Wie kannst du dich als Verbraucher über ein Produkt informieren?
② Überprüft die Warenkennzeichnung auf den eingekauften Produkten!
③ Warum ist die Auflistung von Zusatzstoffen erforderlich?
④ Gib drei Beispiele zum umweltbewußten Einkaufen!
⑤ Was spricht für die Verwendung von Sauerkirschen im Glas?

Gut informiert – richtig einkaufen

Gefüllte Eier auf Salatbett

4	frische Eier	auf der Luftblasenseite anstechen, auf Eßlöffel legen und langsam ins kochende Wasser gleiten lassen auf kleiner Hitze hart kochen Garzeit: 10 Minuten nach Ende der Garzeit Kochwasser abschütten, sofort in kaltem Wasser abschrecken, pellen Eier halbieren, das Eigelb vorsichtig mit einem TL herausnehmen, Eigelb in einem tiefen Teller mit einer Gabel zerdrücken
50 g 1 TL 1 Prise	Frischkäse Senf Salz und Pfeffer	alle Zutaten gründlich mit dem Eigelb mischen in einen Spritzbeutel füllen und in die Eihälften spritzen
	Kopfsalat Salatmarinade	Kopfsalat sachgerecht vorbereiten und auf einer Platte verteilen, Marinade darüberträufeln, Eihälften daraufsetzen

Beilage: Vollkorntoast
Garnierung: Kräuter, Radieschen

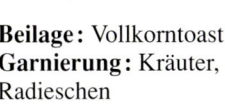

- ⭕ Schreibt eine Einkaufsliste für das Rezept. Bedenkt, daß das Rezept für vier Schüler berechnet ist, die Liste aber für die gesamte Kochgruppe erstellt werden soll.
- ⭕ Erstellt einen Plan, wer was einkaufen soll!
- ⭕ Beachtet beim Einkauf:
  - ▶ wählt die richtigen Geschäfte,
  - ▶ vergleicht Preise,
  - ▶ denkt an die Warenkennzeichnung,
  - ▶ kauft umwelt- und gesundheitsbewußt ein,
  - ▶ bringt den Kassenzettel mit!

Ein Haushaltsbuch führen

Da die Lebensmittel für den Hauswirtschaftsunterricht meist von den Schülern selbst bezahlt werden müssen, ist es nötig, ein Haushaltsbuch für die Schulküche zu führen. Es gibt den Eltern, Schülern und Lehrern Rechenschaft über Einnahmen und Ausgaben. Dazu müssen nach jedem Einkauf die Belege gesammelt werden.

Einnahmen		Ausgaben	Guthaben
	Beleg-Nr.	Summe	
7a 480,–	1	16,88	
	2	3,33	
	3	1,49	
	4	17,96	
	5	13,70	
			426,64

Für den privaten Haushalt gibt es bereits fertige Haushaltsbücher zu kaufen. Hier müssen nur noch die Einnahmen und Ausgaben in die verschiedenen Spalten eingetragen werden. Dabei berücksichtigt man:
- **feste Ausgaben,** z. B. Miete, Steuern, Versicherungen, Gebühren, Kreditzahlungen u. a.; hier kann kaum gespart werden,
- **veränderliche Ausgaben,** z. B. Lebensmittel, Kleidung Auto, Heizung, Strom, Wasser u. a.; hier kann bei geschicktem Haushalten viel Geld gespart werden,
- **Sonderausgaben,** z. B. Sport, Urlaub, Kino, Zeitungen und Zeitschriften; sie können bei einer finanziellen Notlage entfallen.

Haushaltsbuch: Woche vom .... bis ....

	Einnahmen			Kassenbestand		Ausgaben					
		Betrag				Summen		Wohnungsausgaben		Ernährung	
Tag	Bezeichnung	DM	Pf	DM	Pf	DM	Pf	Bezeichnung	Betrag	Bezeichnung	Betrag
	Übertrag:										

Monat _____

		Ausgaben								
Genuß-mittel	Kleidung		Körper- u. Gesundheits-pflege	Bildung Unterhaltg.	Fahrgeld/Auto			Sonstiges		
	Bezeichng.	Betrag			Bezeichng.	Betrag	Bezeichng.	Betrag	Bezeichng.	Betrag

Überprüfe dein Wissen

① Was beachtest du bei deinem Einkauf für die Schulküche? Formuliere Regeln!
② Warum sollte in der Schulküche ein Haushaltsbuch geführt werden?
③ Nenne Gründe, die für ein privates Haushaltsbuch sprechen!

2 In der Küche arbeiten

2.1 Arbeitsbereiche und Arbeitsabläufe

Die Küche als Arbeitsplatz

Die Küche im privaten Haushalt stellt einen umfangreichen Arbeitsplatz dar. Um alle Arbeiten rationell, d. h. zeit- und kraftsparend ausführen zu können, ist eine durchdachte Küchenplanung von großer Bedeutung. Eine Küche sollte folgende Grundelemente enthalten:

Vorratszentrum	mit Kühl-, Gefrierschrank, Vorratsschrank und Regalen
Vorbereitungs-zentrum	mit Arbeitsflächen und Schränken. Hier beinhalten Ober-, Unterschränke und Schubladen entsprechendes Geschirr und Arbeitsmaterial.
Koch- und Backzentrum	mit Herd, Backrohr (Backofen), evtl. Grill und Mikrowellengerät. Zwischen Herd und Spüle muß auf einen 60 bis 90 cm breiten Arbeitsplatz geachtet werden.
Spülzentrum	mit Spülbecken und evtl. einer Spülmaschine. Neben Spüle und Herd soll immer eine Abstellfläche geplant werden.
Eßzentrum	mit Eßtisch und Sitzgelegenheiten (falls die Küche dafür Platz bietet). Der Eßbereich, sei es im privaten Haushalt oder auch in der Schulküche, stellt einen Mittelpunkt dar, der zu Gesprächen und Geselligkeit anregen soll. Deshalb nimmt die Gestaltung des Eßplatzes eine besondere Stellung ein (siehe auch »Tischkultur pflegen«, S. 117).

Arbeitsauftrag

Versucht, die Zweckmäßigkeit der abgebildeten Küchenzeilen zu bewerten.

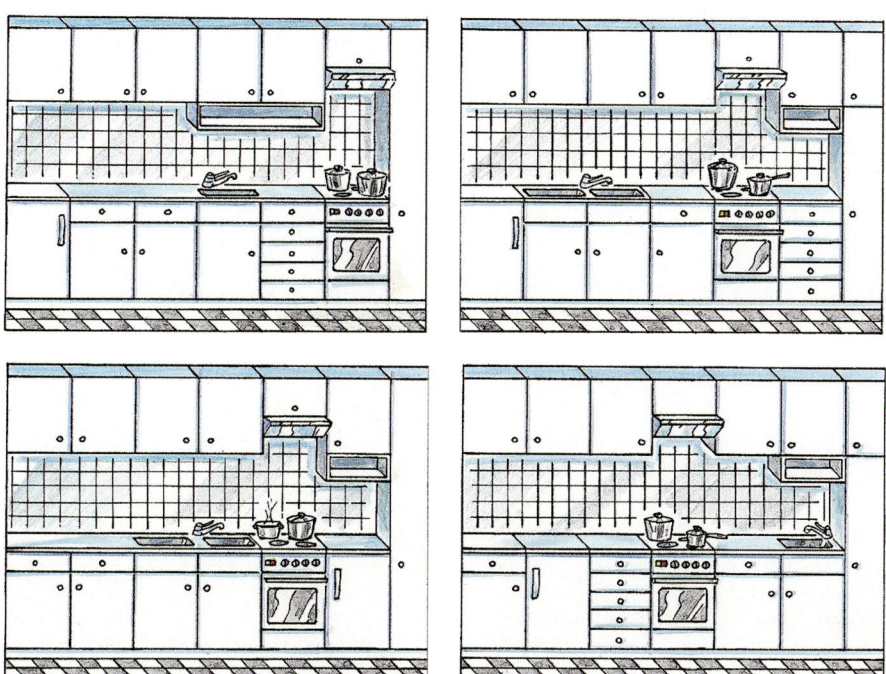

Der zweckmäßig gestaltete Arbeitsplatz

Bei der Planung eines zweckmäßig gestalteten Arbeitsplatzes sollten stets arbeitsphysiologische Grundsätze bedacht werden. Das bedeutet, daß sich der Mensch darin wohl fühlen soll. Neben der Arbeitsfolge von rechts nach links für Rechtshänder, guter Beleuchtung, zwischenzeitlicher Lüftung und Pausen bei längeren oder anstrengenden Arbeiten ist auch die Arbeitshaltung und der Greifraum wichtig. Für die Arbeitshöhe gilt: es darf keinesfalls in gebückter Haltung gearbeitet werden und die angewinkelten Arme sollten einen Winkel von über 45° bilden.

Im sog. inneren Greifraum wird eine Arbeit mit angewinkelten Armen verrichtet. Im sog. äußeren Greifraum, den du mit ausgestreckten Armen erreichen können solltest, stehen die Lebensmittel und Arbeitsgeräte.

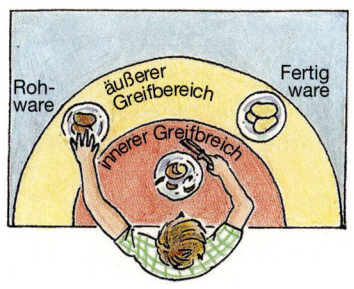

Überlege bei längeren Arbeiten, ob sie sich nicht bequemer im Sitzen verrichten lassen können.

Ein Ämterplan erleichtert regelmäßig wiederkehrende Arbeiten

Eine Schulküche besteht im Gegensatz zur privaten Küche aus mehreren vollständig ausgestatteten Küchenzeilen, den **Kochkojen.** Dabei arbeiten in der Schulküche immer drei oder vier Schüler/innen zusammen. Wie du bereits von zu Hause weißt, gibt es in einer Küche immer wiederkehrende Arbeiten. Um diese zweckmäßig ausführen zu können, stellt man einen **Ämterplan** auf.

Dabei wird jede praktische Arbeit in VORARBEIT, HAUPTARBEIT und NACHARBEIT eingeteilt. Diese Gliederung kann bereits bei einem Ämterplan für vier Schüler/innen Anwendung finden.

	Spülamt (Schüler/in 1)	**Trockenamt** (Schüler/in 2)	**Herdamt** (Schüler/in 3)	**Ordnungsamt** (Schüler/in 4)
Vorarbeit	Schwamm, Lappen, Spülmittel und andere notwendige Hilfsmittel bereitstellen	Trockentücher evtl. aus dem Trockner nehmen, zusammenlegen, bereitstellen	Herdeimer und entsprechende Reinigungstücher und -mittel vorbereiten	Geschirrspüler nach Bedarf ausräumen, Abfalltüten einhängen
Hauptarbeit	Geschirr spülen, nachspülen, gestürzt abstellen	Geschirr trocknen, geordnet abstellen, in die Schränke einräumen	Herd putzen – es genügt heißes Wasser mit etwas Spülmittel	Fußboden kehren, Abfall ausleeren
Nacharbeit	Spülbecken säubern, trocknen, Spültuch aufhängen, Hilfsmittel aufräumen	Inventar kontrollieren, Trockentücher aufhängen bzw. in die Waschmaschine geben	Herdeimer reinigen, Reinigungstücher aufräumen	Besen, Handfeger und Kehrschaufel säubern und aufräumen

Der Ämterplan soll dir als Schüler/Schülerin die regelmäßige Arbeit in der Schulküche erleichtern und dir eine gewisse Sicherheit geben. Selbstverständlich können die einzelnen Arbeiten je nach Küchenausstattung variieren. Zu einem guten Gelingen innerhalb der einzelnen Kochgruppen trägt auch bei, wenn eine einseitige Belastung einiger Ämter unterbleibt. Wenn z. B. Das Herdamt nicht benötigt wird, sollte der/diejenige bei den anderen drei Ämtern helfen. Insgesamt ist jeder Schüler/jede Schülerin für die Sauberkeit, Sicherheit und Ordnung in der eigenen Koje verantwortlich.

Auch bei der Zubereitung von Gerichten gilt die Dreiteilung.
Vorarbeit: Lies das Rezept genau, bereite die Lebensmittel und Arbeitsgeräte vor.
Hauptarbeit: Bereite die Speise in der richtigen Reihenfolge und mit der richtigen Arbeitstechnik.
Nacharbeit: Räume die Lebensmittel auf, und säubere deinen Arbeitsplatz.

Obstsalat

1	Apfel	waschen, evtl. schälen, vierteln, Kernhaus entfernen und kleinschneiden
1	Birne	
1	Banane	schälen und nicht zu dünne Scheiben schneiden
200 g	Weintrauben	waschen, halbieren und entkernen
1	Zitrone (Saft) Honig	Zitronensaft über die geschnittenen Früchte geben, mit dem Honig abschmecken

Verwende für einen Obstsalat immer frische Früchte nach Saison!

Du kannst auch Nüsse oder geröstete Haferflocken darübergeben!

Durchdachte Reinigungs- und Ordnungsmaßnahmen sparen Zeit

Am Beispiel des Geschirrspülens kannst du erfahren, wie man Zeit und Kraft spart, wenn man seinen Spülplatz richtig vorbereitet.

- ▶ Entferne vom Geschirr grobe Essensreste und stelle es geordnet und gestapelt neben das rechte Spülbecken (Rechtshänder).
- ▶ Spüle in der richtigen Reihenfolge:
  Glas – Porzellan – Besteck – Kochgeschirr
- ▶ Richte genügend heißes Spülwasser mit wenig Spülmittel im rechten und heißes Nachspülwasser im linken Becken her.
- ▶ Stelle alle Hilfsmittel, wie z. B. Spülbürste, Schwamm oder Tuch, bereit.
- ▶ Gib nicht zu viele Geschirrteile, besonders Messer und spitze Gegenstände, in das Spülwasser (Unfallgefahr).
- ▶ Setze stets zuerst milde und nur bei Bedarf stärker wirkende Reinigungsmittel ein.
- ▶ Wechsle das Spülwasser bei Bedarf.
- ▶ Spüle das Geschirr im klaren Nachspülwasser nach und stelle es verkehrt herum auf die Abtropffläche.
- ▶ Säubere als letztes die Spüle und trockne sie ab. Räume alle Arbeitsmittel auf.

Neben einer sauberen Arbeitsweise und einem sauberen Arbeitsplatz ist auch die **eigene Hygiene** wichtig. Trage immer eine Schürze, binde lange Haare zurück, wasche deine Hände vor der Arbeit, aber auch nach einem Husten oder Nieser, probiere Speisen stets mit einem eigenen Löffel.

Merke

- ○ Wir arbeiten stets zeit- und kraftsparend, d. h. rationell!
- ○ Wir achten auf die richtige Wahl und Menge der Reinigungsmittel, d. h. umweltbewußt!
- ○ Wir sind stets auf Sauberkeit bedacht, d. h. hygienisch!

Überprüfe dein Wissen

① Wie kannst du in der Schulküche deine Hygiene gewährleisten?
② Wiederhole die Arbeitsschritte des Abspülens!
③ Beschreibe oder gestalte den Arbeitsplatz für den Obstsalat unter Berücksichtigung der Greifräume!

2.2 Einsatz und Bedienung von Geräten
Herd – Grill – Mikrowelle

In jedem Haushalt in der Bundesrepublik Deutschland sind verschiedene technische Geräte im Einsatz.
Auch die Schulküche kommt nicht ohne elektrische Hilfsmittel aus.

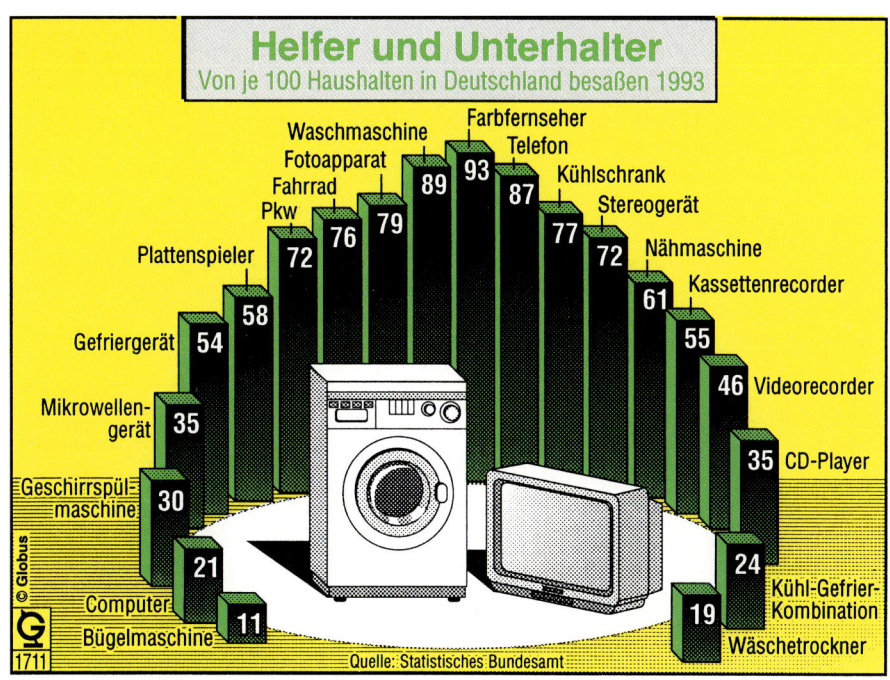

Das wichtigste Gerät in der Küche ist der **Herd.**

E-Herd

Bei **Elektroherden** unterscheiden wir:
- solche mit Normalkochplatte (-stelle). Sie haben meist folgende Einstellungen, die einzeln von Hand eingestellt werden müssen:

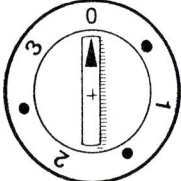

Schmelzen Quellen Erwärmen	Fortkochen kleine – große Mengen	Braten kleine – große Mengen	Erhitzen Ankochen
↓	↓	↓	↓
•	1 •	2 •	3

Arbeitsweise einer Normalkochplatte (-stelle)

- solche mit Automatikkochplatte (-stelle), die stufenlos geregelt werden kann. Hierbei kann von Beginn an die gewünschte Gartemperatur eingestellt werden. Somit heizt die Platte mit ganzer Leistung bis zur gewünschten Temperatur auf und schaltet dann automatisch auf die eingestellte Gartemperatur zurück.

Schmelzen Quellen Erwärmen	Dünsten, Dämpfen, Kochen,	Braten Schmoren	Erhitzen großer Mengen
↓	↓	↓	↓
1 2 3 4	5 6 7 8	9 10 11	12

Arbeitsweise einer Automatikkochplatte (-stelle)

Neuere Elektroherde besitzen oft Glaskeramikkochfelder in verschiedenen Größen. Je nach Ausführung kann die Energiefläche mittels des Einstellknopfes für unterschiedliche Topfgrößen kleiner oder größer geschaltet werden.

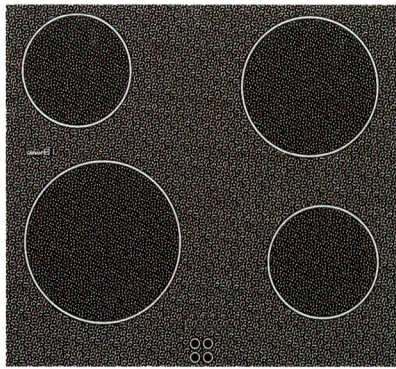

einfache Ausführung

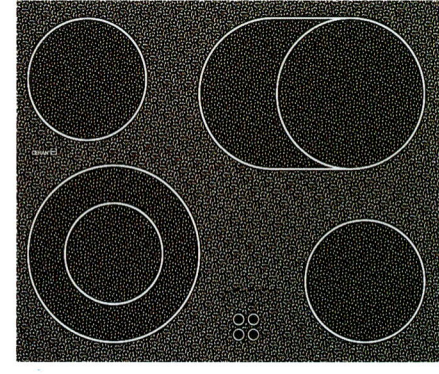

Ausführung mit Zweikreis-Kochzonen

Achte auf energiesparendes Garen am Herd:
- Decke stets die Töpfe mit einem Deckel ab!
- Nütze die Restwärme!
- Verwende geeignetes Kochgeschirr: schwere Töpfe mit ebenen Böden leiten und speichern die Wärme besser!
- Auf Glaskeramikkochfeldern ist es möglich, mittels variabler Schaltungen für jede Topf- und Pfannengröße eine geeignete Kochzone zu finden.

Backofen

Die meisten Elektroherde besitzen ein Backrohr (einen Backofen), das (der) mit vielseitigen Funktionen ausgestattet sein kann. Nur in wenigen Backöfen ist eine Mikrowelle integriert.

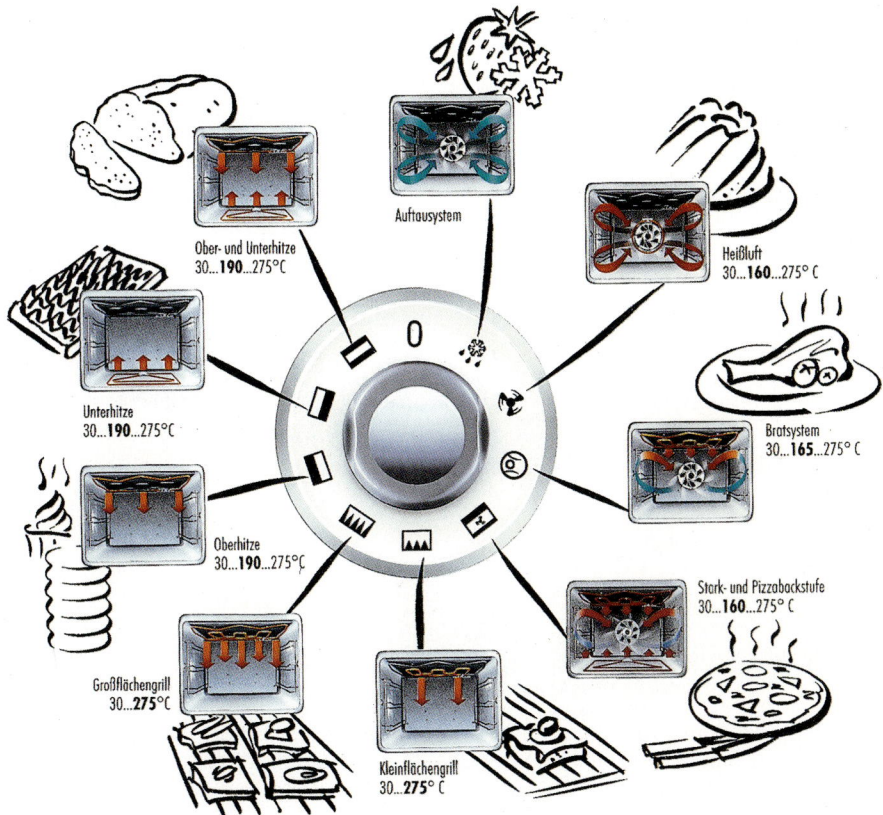

Der **Grill** arbeitet mit einer hohen Strahlungshitze (ab ca. 250 °C), die durch Infrarotstrahlen oder hocherhitze Luft erreicht wird. Dadurch wird das Grillgut besonders schnell, fettarm und schmackhaft zubereitet.

Das **Mikrowellengerät** ermöglicht besonders schnelles Garen. Dabei dringen die im Gerät erzeugten Mikrowellen in das Gargut ein, die eine Reibung der Wassermoleküle bewirken. Das Nahrungsgut erhitzt sich durch die dabei entstehende Wärme von innen nach außen.

Grill

Mikrowellengerät

Bei einem **Gasherd** steht die gewünschte Hitze sofort zur Verfügung und kann stufenlos reguliert werden. Diese Feinabstimmung macht den Gasherd besonders bei Köchen beliebt. Allerdings ist die Möglichkeit der Restwärme nicht gegeben, da das Gas sofort »erlischt«, wenn es abgeschaltet wird.

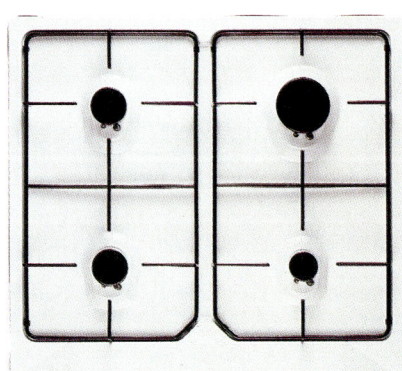

Gasherd

Arbeitsauftrag

Stellt fest, welchen Herd ihr in eurer Kochgruppe habt! Erklärt die Symbole, und benennt die Funktionen! Ordnet die Schalter den entsprechenden Kochplatten zu!

Großgeräte in der Küche – Kühlschrank und Geschirrspülmaschine

Außer dem Herd befindet sich in fast jeder Küche ein **Kühlschrank.** Wir können uns heutzutage eine Vorratshaltung ohne Kühlschrank kaum vorstellen. Auch Gefriertruhe oder Gefrierschrank fehlen selten in einem Haushalt. Um diese Geräte richtig einzusetzen, ist es ratsam, die Hinweise des Herstellers zu beachten. Moderne Kühlschränke besitzen oft verschiedene Temperaturebenen, was für die Lagerung der unterschiedlichen Lebensmittel von Bedeutung ist. So sollten Obst und Gemüse immer in die dafür vorgesehenen Schalen gegeben werden, Getränke in den Bereich der Kühlschranktür. Um ein frühzeitiges »Vereisen« zu verhindern, darf auch nur Abgekühltes und Zugedecktes in den Kühlschrank gestellt werden. Das regelmäßige Abtauen spart Energie. Der Kühlschrank bedarf einer regelmäßigen Reinigung mit Essigwasser. Der Inhalt sollte auch ständig kontrolliert werden (Mindesthaltbarkeit).

Innenraum eines Kühlschrankes

Ein weiteres hilfreiches Gerät sowohl im privaten Haushalt als auch in der Schulküche ist die **Geschirrspülmaschine.** Im Vergleich zum Handspülen reinigt sie das Geschirr bei höheren Temperaturen, aber auch mit schärferen Reinigungsmitteln, da die Spülbürste oder der Spülschwamm entfallen. Damit die Spülmaschine lange funktioniert, muß zur Wasserenthärtung Salz zugegeben werden. Diese verhindert ein schnelles Verkalken. Ein Ein- oder Zweipersonenhaushalt sollte überlegen, ob es sich lohnt, eine Spülmaschine anzuschaffen, und ob sie auch optimal genutzt werden kann. Zudem müssen Töpfe oder empfindliches Geschirr weiterhin mit der Hand gereinigt werden. Bei geschickter Auslastung, durchdachtem Einräumen und Nutzung der unterschiedlichen Programme kann jedoch viel Zeit und Wasser gespart werden.

Meist sind die Spülmaschinen mit folgenden Programmen ausgestattet, die je nach Verschmutzungsgrad eingestellt werden können:

Vorspülprogramm	Bei Teilladung zum Vorspülen, wenn sich ein komplettes Programm nicht lohnt
Normalprogramm 65 °C	Normal verschmutzes Geschirr mit angetrockneten und stärkehaltigen Speiseresten
Öko-Normalprogramm 55 °C	Normal verschmutztes Geschirr mit angetrockneten und nicht stärkehaltigen Speiseresten
Sparprogramm 55 °C	Leicht verschmutztes Geschirr mit nicht angetrockneten und nicht stärkehaltigen Speiseresten

Geschirrspülmaschine

Noch ein kleiner Umwelttip: Statt des Klarspülers, der dafür sorgt, daß das Geschirr ohne sichtbare Rückstände trocknet, kann man pro Reinigungsvorgang ein Likörglas dreiprozentigen Essig zugeben.

○ Wähle die Schaltbereiche des Herdes immer nach der Zweckmäßigkeit: kleine Mengen – niedrige Schaltung, große Mengen – hohe Einstellung!
○ Beachte stets die Bedienungsanleitung der Hersteller für das entsprechende Gerät. Sie gibt auch Hinweise zur Pflege!
○ Nimm die Spülmaschine nur in Betrieb, wenn sie voll beschickt ist!

Tomatensuppe

1	Zwiebel	würfeln und glasig dünsten, die Tomatenwürfel zugeben und ebenfalls dünsten
30 g	Fett	
500 g	Tomatenwürfel	
1/2–3/4 l	Brühe	mit der Brühe aufgießen und zum Kochen bringen
1/2 Becher	süße Sahne oder Crème fraîche	zugeben und die Suppe köcheln lassen
1 Prise	Zucker, Pfeffer	die Suppe mit den Gewürzen abschmecken und kurz vor dem Servieren das frisch geschnittene Basilikum darübergeben
evtl.	Salz	
1 Bund	Basilikum	

Gehaltvoller wird die Suppe mit gerösteten Weißbrotwürfeln oder einer Nudeleinlage.

Überprüfe dein Wissen

① Welche Möglichkeiten bietet dir ein kombinierter Backofen, Nahrungsmittel zu garen?
② Wie kannst du bei einem Elektroherd Energie sparen?
③ Beschreibe für den dargestellten Herd die Reinigung mit Vor-, Haupt- und Nacharbeit. Begründe die Auswahl der Reinigungsmittel!

Platten
Überfallringe (Edelstahl)
Kochmulde

Backrohr (Email)

Backofentür (Glas)
Herdkörper (Gehäuse)

④ Dir ist unklar, wie der Kühlschrank gereinigt wird. Wie hilfst du dir?
⑤ Welche Ratschläge gibst du zum sinnvollen Einsatz einer Spülmaschine?

Richtige Bedienung von Kleingeräten

Die meisten Küchen sind nicht nur mit Großgeräten, sondern auch mit verschiedenen elektrischen Kleingeräten ausgestattet: Handrührgeräte, Küchenmaschinen, Zerkleinerungsgeräte und andere beschleunigen bzw. erleichtern oft langwierige und schwierige Küchenarbeiten. Bei einem zweckmäßigen Einsatz sollte immer die **Vorbereitungs-, Reinigungs-** und **Wegräumzeit** eines Gerätes berücksichtigt werden.

Arbeitsaufträge

○ Beschreibe mit Hilfe der Bedienungsanweisung die Vorbereitungs- und Reinigungsarbeit des Handrührgerätes!
○ Entscheide dich für das sinnvollste Gerät! Begründe deine Auswahl!
  – Wir benötigen eine halbe Zwiebel für einen Salat.
  – 2 kg Zwiebeln sollen für Salate für ein kaltes Büfett gewürfelt werden.

Beim Kauf eines Gerätes sollten wir darauf achten, daß das gewünschte Gerät mit einem entsprechenden **Sicherheitszeichen** ausgerüstet ist. Fachpersonal hilft gern bei der Beratung.

 *Alle Sicherheitsanforderungen des Gerätes sind eingehalten*      *Dieses Zeichen garantiert für* **schutzisolierte** *Geräte*

Da die Bedienung der Geräte unterschiedlich ist, lesen wir vor dem ersten Gebrauch die Gebrauchsanweisung genau durch und bewahren sie in greifbarer Nähe des Gerätes auf. Sie enthält neben der Bedienungsanleitung auch wichtige Hinweise zur richtigen und unfallfreien Pflege der Geräte.

Merke

○ Lies vor dem Einsatz eines Gerätes immer die Gebrauchsanweisung, damit du unfallfrei arbeitest!
○ Elektrische Geräte nur bei kraft- und zeitaufwendigen Arbeiten einsetzen!
○ Erst bei größeren Lebensmittelmengen rentiert sich die Rüst- und Reinigungszeit der Küchengeräte!

Wir vergleichen Hand- und Maschinenarbeit

Arbeitsaufträge

Lest euch das folgende Rezept genau durch. Schreibt die Zeiten für die entsprechenden Vor-, Haupt- und Nacharbeiten auf!
- Eine oder zwei Gruppen rühren die Zutaten für vier Stück ohne elektrische Hilfsmittel.
- Eine Gruppe stellt das Rezept für 8 Stück mit Hilfe des Handrührgerätes her.
- Eine Gruppe benützt für die Menge von 16 Stück die Küchenmaschine.

Erdbeerbiskuits

16 Stück	4 Stück	Zutaten	(Wasserbiskuit)
4	1	Eier/Ei	Eier schaumig schlagen, Wasser unter ständigem Schlagen zugeben und den Zucker einrieseln lassen
4 EL	1 EL	warmes Wasser	
175 g	40 g	Zucker	
125 g	30 g	Mehl	gesiebtes Mehl mit Stärke und Backpulver vorsichtig unter die schaumige Masse heben. Den Biskuitteig auf ein Backblech mit Backpapier streichen und ca. 12 Minuten backen
50 g	15 g	Speisestärke	
1/2 TL	1 Msp	Backpulver	

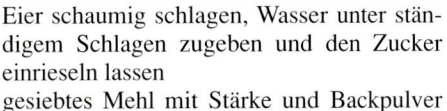

Die Biskuitplatte in gleichmäßige Stücke schneiden, mit geschlagener Sahne bestreichen, die gewaschenen, geviertelten und gezuckerten Erdbeeren darauf verteilen und mit Sahnetupfern oder Schokostreuseln verzieren.

Überprüfe dein Wissen

1. Wann ist für unser Rezept das Handrührgerät sinnvoll? Begründe!
2. Nenne wichtige Merkmale, die ein sicheres elektrisches Gerät aufweisen muß!
3. Was enthält die Gebrauchsanweisung eines elektrischen Kleingerätes?

2.3 Unterschiedliche Werkstoffe und Geräte

Wir verwenden und pflegen unterschiedliche Werkstoffe entsprechend ihren Eigenschaften

Folgende Übersicht zeigt dir einige Beispiele von Materialien mit ihren Eigenschaften, ihrer Anwendung und Pflege.

Werkstoff	Eigenschaften		Gerät **Geschirr** **Besteck**	Pflegehinweise
	unempfindlich gegen	empfindlich gegen		
Glas	Säuren und Laugen	raschen Bruch, Temperaturwechsel	Trinkgläser, Schüsseln, Krüge, Vorratsbehälter	Spülmittelwasser oder Geschirrspülmaschine
feuerfest	Hitze	"	Auflaufformen, Kannen, Teegläser	
Keramik Steingut Porzellan		raschen Bruch, Temperaturwechsel	Schüsseln, Schalen, Tafelgeschirr, Vorratsbehälter	Geschirrspülmaschine (Herstellerhinweis beachten)
Holz Naturprodukt (unbehandelt)	Stoß	Hitze, Farbe, Feuchtigkeit und Geruch	Schneidebrettchen, Kochlöffel, Pfannenwender	nicht im Wasser liegen lassen – es quillt und zieht sich beim Trocknen zusammen
Kunststoff Plexiglas/ PVC	Stoß	Hitze/ Kratzer	Bestecke, Geschirr, Schüsseln, Vorratsbehälter	Spülmittelwasser, Flecken mit warmem Essigwasser oder Seife
thermostabil	Temperaturwechsel		Gefrierbehälter, Mikrowellengeschirr, Verkleidungen von Elektrogeräten	
Metalle Gußeisen	Hitze: Sie verteilen und speichern gut.	Rost/Stoß	Töpfe, Pfannen Fleischwolf	flüssige Reinigungsmittel verwenden, gut trocknen
Weißblech	Hitze	Kratzer	Kuchenbleche und -formen (sehr leicht) Konservendosen	die glatte Oberfläche ist leicht zu reinigen
Schwarzblech	Hitze	Kratzer	Kuchenbleche und -formen (sehr leicht)	die Schutzschicht mit flüssigen Reinigungsmitteln säubern

Werkstoff	Eigenschaften		Gerät Geschirr Besteck	Pflegehinweise
	unempfindlich gegen	empfindlich gegen		
Email	Säuren Abrieb	Stoß/Schlag Temperatur- wechsel	Kochgeschirr Außengehäuse von Elektrogeräten	hartnäckige Ver- schmutzungen mit Netzschwamm reinigen, Spülmittel- wasser, warmes Essigwasser
verchromter Stahl		Kratzer	Armaturen, Außen- gehäuse von Elektrogeräten	feuchtes Tuch, gut nachpolieren
Edelstahl	Rost Korrosion		Messer, Bestecke, Spülbecken Kochgeschirr: Es benötigt einen Boden aus anderen Metallen, da Edel- stahl schlecht Wärme leitet.	Spülmittelwasser oder bei Flecken eine Spülbürste, Schlämmkreide oder ein feines Scheuermittel benutzen
Aluminium	Rost, Wärme: Es leitet sie gut.	Laugen/Stoß	Kochgeschirr (eloxiert), Alufolie	Spülmittelwasser oder verseifte Stahlwolle

Wir wählen Kochgeschirr und Arbeitsmittel nach ihrem Verwendungszweck

Wie du aus der Tabelle ersehen kannst, besitzt nicht jedes Material alle gewünschten Eigenschaften. Deshalb werden oft mehrere Stoffe miteinander verbunden, um die erforderlichen Eigenschaften in einem Werkstoff zu vereinen. Für die Anwendung in der Praxis sind dennoch nicht alle Materialien geeignet. Die obige Tabelle hilft dir, das richtige Gerät, Geschirr oder Besteck auszuwählen.

Beachte bei der Wahl Eigenschaften wie ...	... dann wendest du das Gerät, Geschirr oder Besteck richtig an
Leichtigkeit Festigkeit Formbeständigkeit Hitzebeständigkeit Wärmespeicherung Thermostabilität Unempfindlichkeit • gegen Geschmack und Geruch • gegen Säuren und Laugen leichte Pflege glatte Oberfläche	▶ erspart Kraft ▶ zum Schlagen, Rühren und Schneiden ▶ für lange Lebensdauer ▶ zum Kochen, Braten und Backen ▶ zum Energiesparen ▶ zum Backen und Einfrieren ▶ zum Bevorraten ▶ zur leichten Pflege ▶ erspart Kraft und umweltschädigende Reinigungs- mittel ▶ zum hygienischen, gesunden Arbeiten

Merke

○ Wähle Koch- und Arbeitsgeschirr dem Verwendungszweck entsprechend!
○ Achte schon beim Kauf auf leichte Handhabung und Pflege!

Arbeitsauftrag

Lies dir das Rezept durch. Wähle für alle Arbeitsschritte das richtige Vor-, Zubereitungsgeschirr und Tischgeschirr aus! Die restlichen Apfelküchlein sollen eingefroren werden. Begründe die Auswahl des jeweiligen Geschirrs!

Apfelküchlein

2–3	Äpfel	waschen, schälen, Kernhaus ausstechen, in 1 cm dicke Scheiben schneiden
	Saft einer 1/2 Zitrone	Äpfel damit marinieren, abdecken, kurz durchziehen lassen
125 g	Mehl	in eine Schüssel geben
1 Prise	Salz	
2	Eier	Eier und Milch wechselweise nach und nach von der
1/8 l	Milch	Mitte aus mit dem Mehl verrühren

Zum Ausbacken:
Fett (portionsweise)

in die heiße Pfanne geben, Apfelringe mit 2 Gabeln im Teig wenden und in mäßig heißem Fett auf beiden Seiten goldbraun backen

Zum Wenden:

Pfanne trocken erhitzen, dann klebt der Teig beim Backen nicht so leicht an

auf vorgewärmter Platte dachziegelartig aufreihen und zwischenzeitlich immer wieder warm stellen

Zimtzucker:
6 EL Zucker und 1/2 TL Zimt mischen, in ein Glasschüsselchen geben und zu Tisch bringen

Wir pflegen Werkstoffe und Geräte hygienisch

Wie dir bereits von praktischen Arbeiten bekannt ist, gehen wir immer nach dem gleichen Arbeitsablauf vor: Vor- Haupt- und Nacharbeit. Dieser Arbeitsablauf muß auch bei Reinigungsarbeiten von Werkstoffen und Geräten berücksichtigt werden.

Arbeitsaufträge

○ Ordne folgenden Geräten, folgendem Geschirr bzw. Besteck die richtigen Reinigungsmittel und Hilfsmittel zu:
Kühlschrankgehäuse aus Email, Toaster mit verchromtem Stahlgehäuse, Kunststoffrührschüssel, Edelstahlbesteck, Schwarzblechkuchenform, Trinkgläser, Teflonpfanne, Porzellanteller und Holzbrett.
○ Beschreibe dabei jeweils die Vor-, Haupt- und Nacharbeit! Wodurch erreichst du ein Höchstmaß an Hygiene?

Überprüfe dein Wissen

① Nenne Vorteile von Kuchenblechen und -formen aus Schwarzblech!
② Zähle wichtige Gesichtspunkte auf, die du bei der Auswahl von Werkstoffen beachtest!
③ Wie kannst du Reinigungsmittel und Hilfsmittel umweltfreundlich einsetzen?

2.4 Umweltgerechtes Verhalten im Haushalt

Gefahren für die Umwelt durch den Haushalt

Durch falsche Handhabung von Reinigungsmitteln, falsch verstandene Sauberkeit, unorganisierten Einkauf und Unwissenheit wird die Umwelt immer stärker belastet. Dieses Fehlverhalten vieler Menschen hat schwerwiegende Folgen.

Belastung des Bodens (Hausmüll)	Verschmutzung des Wassers (Chemikalien, Reinigungsmittel)	Verschmutzung der Luft (Abgase)

Arbeitsauftrag

Sprecht über das zwiespältige Verhalten der abgebildeten Familie und überlegt, welche Gefahren für unser Leben daraus entstehen können!

Wir entsorgen Hausmüll verantwortungsvoll

Mehr als die Hälfte des Hausmülls besteht aus Verpackungen. Dabei bezahlen wir Verpackungen
- beim Einkauf **einmal,**
- über die Müllabfuhr **ein zweites Mal** und
- durch die Beseitigung in der Müllverwertungsanlage **ein drittes Mal.**

Um möglichst wenig Hausmüll **entsorgen** zu müssen, sollten wir bereits beim Einkauf auf Lebensmittel mit **geringer** oder **gar keiner** Verpackung achten. Damit tragen wir gleichzeitig dazu bei, daß wertvolle Rohstoffe nicht verschwendet werden, denn die meisten Verpackungen werden aus Holz, Erdöl und Metallen hergestellt.

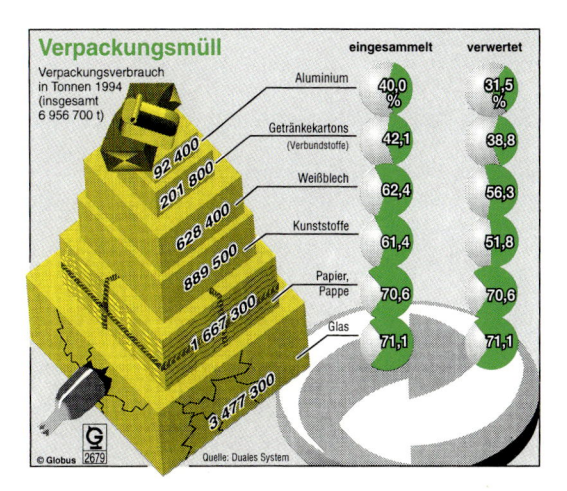

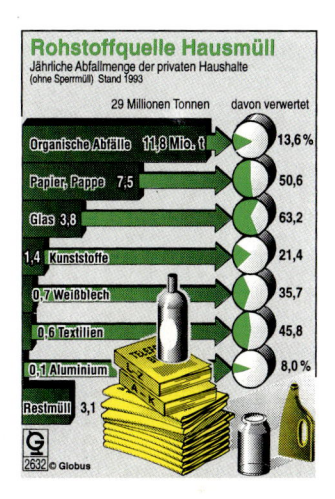

Verpackungsmüll

Verpackungsverbrauch in Tonnen 1994 (insgesamt 6 956 700 t)

	eingesammelt	verwertet
Aluminium (92 400)	40,0 %	31,5 %
Getränkekartons (Verbundstoffe) (201 800)	42,1	38,8
Weißblech (629 400)	62,4	56,3
Kunststoffe (889 500)	61,4	51,8
Papier, Pappe (1 667 300)	70,6	70,6
Glas (3 477 300)	71,1	71,1

Quelle: Duales System

Rohstoffquelle Hausmüll

Jährliche Abfallmenge der privaten Haushalte (ohne Sperrmüll) Stand 1993
29 Millionen Tonnen — davon verwertet

Organische Abfälle	11,8 Mio. t	13,6 %
Papier, Pappe	7,5	50,6
Glas	3,8	63,2
Kunststoffe	1,4	21,4
Weißblech	0,7	35,7
Textilien	0,6	45,8
Aluminium	0,1	8,0 %
Restmüll	3,1	

Abfallart	Vermeiden von Müll	Trennen und Beseitigen von Müll
Papier	Wenig verpackte Produkte und Nachfüllpackungen wählen, Obst und Gemüse unverpackt in den Einkaufskorb legen, Eierschachteln wiederverwenden.	Zeitungen, Zeitschriften und Pappe sammeln und gebündelt wegbringen, d. h., dem Recycling zuführen.
Glas	Mehrwegflaschen bevorzugen, Gläser mit Schraubverschlüssen zur Vorratshaltung verwenden.	Altglas sammeln und den Farben entsprechend in die Glascontainer geben (Recycling), allerdings ohne Metalle und Plastik.
Metalle	Glasflaschen und Konservengläser statt Dosen verwenden, Lebensmittel nicht in Alufolie wickeln, sondern abdecken.	Aluminium und Weißblech zu den entsprechenden Sammelstellen bringen (Recycling), Dosen immer zusammendrücken, um Volumen zu verringern.
Kunststoffe	Eigene Einkaufstaschen nehmen, Groß- und Nachfüllpackungen wählen.	Sortenreine Kunststoffe gesäubert zur Sammelstelle bringen (Recycling).

Abfallart	Vermeiden von Müll	Trennen und Beseitigen von Müll
Sondermüll	Möglichst lösungsmittelfreie Reinigungsmittel verwenden, Farben und Lacke mit Naturprodukten, wie z. B. Wachs, ersetzen.	Farben und Lacke zu Sondermüllstellen bringen, Batterien in spezielle Tonnen (an jeder Schule) geben und Medikamente zum Apotheker bringen
	Organischen Müll sammeln wir in einer Biotonne und geben ihn auf den Kompost.	

Arbeitsaufträge

○ Überprüft, inwiefern beim Einkauf für das heutige Gericht umweltbewußt gehandelt wurde!
○ Sammelt bei der Vor- und Zubereitung des heutigen Gerichts die Abfälle so, daß die verschiedenen Abfallarten getrennt beseitigt werden können. Macht Vorschläge zur umweltbewußten Beseitigung!

Wurstschüsselchen mit Rührei

4	Scheiben würzige Frischwurst mit der Haut (vom Metzger 1/2 cm dick schneiden lassen, auf unverletzte Haut achten!)	in wasserfreiem Fett anbraten, bis sich die Wurst zu einem Schüsselchen wölbt, auf einer Platte warm stellen
20 g	Kokosfett	
4	frische Eier	
4 EL	Milch oder Sahne	verquirlen
	Salz, Pfeffer	
40 g	Butter	zerlassen, Eimasse zugeben und bei kleiner Hitze stocken lassen; vorsichtig auflockern; die Eier sollen gestockt, auf der Oberfläche aber noch feucht glänzend sein

Rührei mit Schnittlauchröllchen bestreuen und mit Vollkornbrot servieren.

Wir bevorzugen umweltfreundliche Pflege- und Reinigungsmittel

Wähle beim Reinigen der einzelnen Bereiche des Haushaltes statt chemischen Reinigungsmitteln umweltfreundliche:

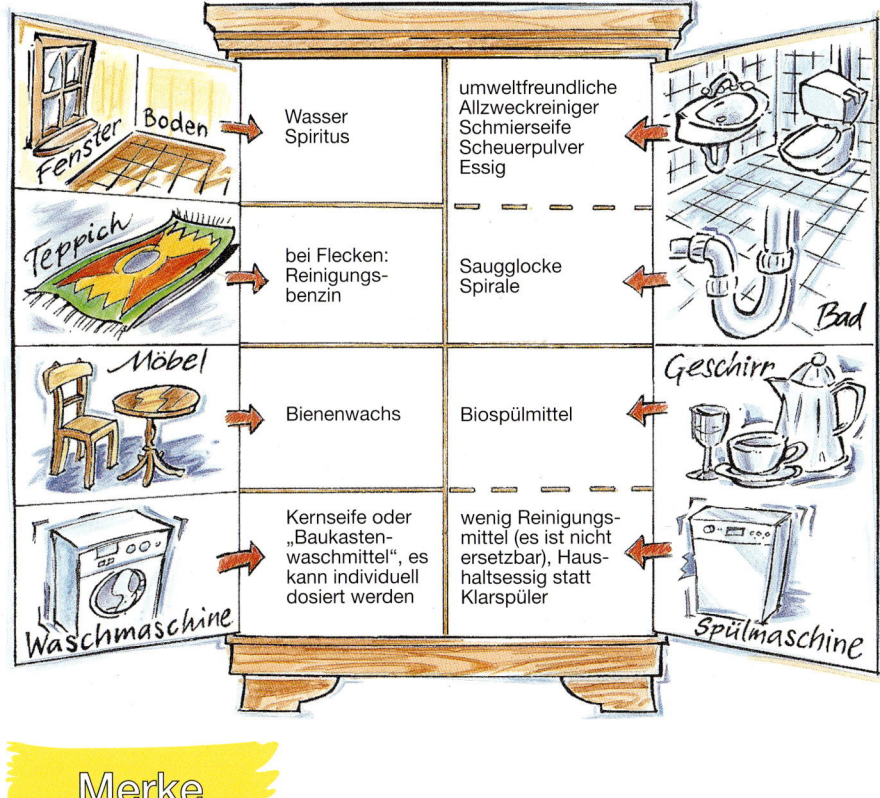

Bereich	Mittel	Mittel	Bereich
Fenster, Boden	Wasser, Spiritus	umweltfreundliche Allzweckreiniger, Schmierseife, Scheuerpulver, Essig	Bad
Teppich	bei Flecken: Reinigungsbenzin	Saugglocke, Spirale	
Möbel	Bienenwachs	Biospülmittel	Geschirr
Waschmaschine	Kernseife oder „Baukastenwaschmittel", es kann individuell dosiert werden	wenig Reinigungsmittel (es ist nicht ersetzbar), Haushaltsessig statt Klarspüler	Spülmaschine

Merke

○ Vermeide Müll bereits beim Einkauf und entsorge ihn richtig!
○ Achte bei Reinigungsarbeiten auf umweltfreundliche Mittel!

Wir sparen Energie und Wasser

Wie du aus dem Kapitel »Einsatz und Bedienung von Geräten« (S. 29 ff.) ersehen kannst, ist es schon beim Kochen und Geschirrspülen möglich, Energie zu sparen. Darüber hinaus beachte aber noch folgende Regeln:
- Überheize die Wohnräume nicht, lüfte kurz, dafür aber kräftig, schließe im Winter nachts die Roll- und Fensterläden!
- Kaufe Geräte mit einem Energiesparprogramm und benutze und beschicke Sie dem Programm entsprechend.
- Besorge nach Möglichkeit Energiesparlampen!
- Fahre Rad oder gehe zu Fuß, wenn du kleinere Strecken zurücklegen mußt!

Jeder Bundesbürger verbraucht im Durchschnitt 130 bis 160 l Wasser pro Tag. Dabei wird neben dem Kochen wertvolles Trinkwasser auch zum Baden, Duschen, Toilettenspülen, Gartengießen, Autowaschen usw. verbraucht.

Gerade mit Wasser sollte jedoch sinnvoll umgegangen werden.

Trinkwasser wofür?
Täglicher Wasserverbrauch je Einwohner in Deutschland (West) 144 Liter

davon für:
- Garten 3
- Trinken, Kochen 3
- Reinigung 7
- Geschirrspülen 10
- Wäschewaschen 19
- Toilettenspülung 45
- Baden, Duschen u. ä. 57 Liter

Beachte einige Regeln:

- ▶ drehe Wasserhähne gut zu, lasse tropfende Wasserhähne sofort reparieren,
- ▶ wähle Einhebelarmaturen, sie gewährleisten sofort richtig temperiertes Wasser,
- ▶ ziehe das Duschen dem Baden in der Wanne vor und drehe das Wasser während des Einseifens ab,
- ▶ verwende überschüssig gekochtes Wasser zum Blumengießen,
- ▶ sammle Regenwasser zum Gießen,
- ▶ beachte bei der Spülung der Toilette die Spartaste.

Überprüfe dein Wissen

① Welche Bereiche der Umwelt belasten den Haushalt?
② Wie kannst du bereits beim Einkauf Müll vermeiden?
③ Zähle wichtige Bestandteile eines Ökoputzschrankes auf!
④ Nenne je zwei Regeln für umweltbewußten Umgang in jedem der Bereiche:

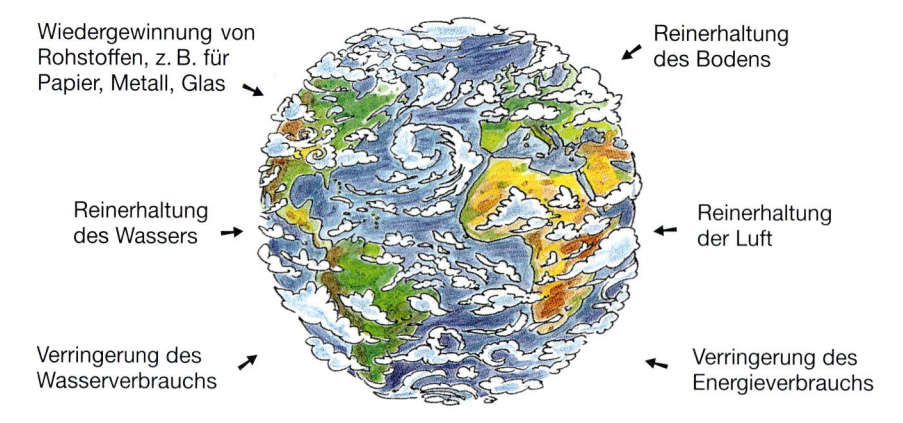

- Wiedergewinnung von Rohstoffen, z. B. für Papier, Metall, Glas
- Reinerhaltung des Bodens
- Reinerhaltung des Wassers
- Reinerhaltung der Luft
- Verringerung des Wasserverbrauchs
- Verringerung des Energieverbrauchs

Gesunde Ernährung 3

3.1 Anforderungen an eine gesunde Ernährung

Das Essen der Menschen – früher und heute

Die Menschen der **vorgeschichtlichen Zeit** lebten in Höhlen und einfachen Laub- bzw. Fellzelten als Jäger und Sammler. Sie ernährten sich vom rohen Fleisch der erlegten Tiere (Mammut, Wisent und Wildpferd, Fisch) und von gesammelten Früchten, Beeren, Pilzen und Wurzeln. Nach und nach verbesserten die Urmenschen, die das Leben von Nomaden führten, ihre Werkzeuge und lernten, das Feuer zu behüten und anzuzünden. Ihre Nahrung konnte nun zerkleinert werden, schmeckte gekocht oder gebraten besser und war bekömmlicher.
Um **6000 v. Chr.** entstanden die ersten Siedlungen, viele Menschen wurden seßhaft. Sie wohnten nun in Hütten und Dörfern, begannen Getreide anzubauen und Haustiere zu züchten (Hund, Rind, Pferd). Mit Hilfe des Holzpfluges und der Bewässerung erhöhten sie nach und nach den Ernteertrag und lernten ihre Vorräte in Tongefäßen aufzubewahren. Als Ackerbauern und Viehzüchter ernährten sie sich überwiegend von Getreidebrei, Brot, Käse und seltener von Fleisch und Fisch. Um das Essen zu würzen und aufzubewahren, benötigten sie zunehmend Salz. Damit konnten sie Fleisch und Fisch trocknen und pökeln.
Um **3000 v. Chr.** wurde in Mesopotamien die Keilschrift und in Ägypten die Hieroglyphenschrift »erfunden«. Jetzt konnten Erfahrungen schriftlich weitergegeben werden. Durch den Handel kamen neue Pflanzen, Tiere und Gewürze hinzu, so daß der Speisezettel immer reichhaltiger wurde.
Speisen der Griechen und Römer: Spelzbrei (ein Brei aus Dinkel), später Brot, wenig Fleisch, dafür eingelegte Fische in Salzlake.
Reichere Römer speisten feudaler, wie folgendes Menü zeigt:

Invitatio

Herr Trimalchio gibt sich die Ehre, Sie heute abend zu einem bescheidenen Abendessen einzuladen. Es ist die folgende Menüfolge vorgesehen:

Vorspeisen
   grüne und schwarze Oliven
   gebratene Schlafmäuse mit Honig und Mohn übergossen
   Bratwürste
   Damaszenerpflaumen mit Granatapfelkernen

Erster Gang
   Pfaueneier mit Pastetenteig,
   gefüllt mit fetter Feigenschnepfe in Eidotter

Zweiter Gang
   Poularden   Das ganze mit würziger Fisch-
   Saueuter   soße und einer kunstvollen
   Hase   Garnierung

Dritter Gang
   Wildschwein gefüllt mit lebenden Vögeln
   frische und getrocknete Datteln
   Trauben

Vierter Gang
   Ein ganzes Schwein, gefüllt mit Brat- und Blutwürsten

Fünfter Gang
   Masthühner
   Gänseeier mit Mützen aus Steinpilzen

Dessert
   Wacholderdrosseln paniert, gefüllt mit Rosinen und Nüssen
   Quitten als Igel garniert
   Mastgans aus Schweinefleisch nachgebildet
   Austern und Muscheln
   Weinbergschnecken

aus Stephan-Kühn, Fr.: „Viel Spaß mit den Römern", Arena Verlag, Würzburg

Im Mittelalter (ca. 500–1500) gab es in der Nahrung große Unterschiede zwischen der wohlhabenden und der ärmeren Bevölkerung. Der **Adel** (Herzöge, Grafen, Ritter) besaß das Vorrecht der Jagd und erhielt Abgaben der abhängigen Bauern. Dementsprechend wurden viel Wild und Fleisch gegessen, aber auch Rüben, Kohl, Erbsen, Lauch, Salate und Kräuter. **Bauern** und **Bürger** ernährten sich meist von Mus und Brei aus Getreide, Erbsen und Linsen. Fleisch gab es nur kurz nach der Schlachtung der Tiere im Winter und an Feiertagen. Die **Kreuzfahrer** brachten in dieser Zeit Gewürze wie Pfeffer, Zimt, Safran sowie neue Früchte (Orangen u. a.) mit. Gesüßt wurde mit Honig. Nach der Entdeckung Amerikas kamen viele neue Nahrungsmittel aus der neuen Welt nach Europa (Tomate, Kartoffel).

Im **17./18. Jh.** trug vor allem die robuste und nahrhafte Kartoffel dazu bei, daß die Hungersnöte in Europa seltener wurden. An den Höfen der absolutistischen Fürsten, vor allem am Hof des Sonnenkönigs Ludwig XIV., entwickelten sich feine Tischsitten und eine reichhaltige Küche. Zucker von der Zuckerrübe kam in Gebrauch, Kuchen, Konfitüren, Schokolade, Tee, Kaffee und Kakao erweiterten den Speisezettel des Adels und der Fürsten.

Im **19.** und **20 Jh.** breitete sich die Eßkultur des Adels aus und wurde von wohlhabenden Bürgern nachgeahmt und abgewandelt. Die französische Küche galt zwar als die feinste, doch entwickelte sich auch eine typisch deutsche Küche mit regionalen Unterschieden (Bayern, Rheinland, Baden, Berlin). Die Bauern begannen Anfang des 20. Jh. in der Landwirtschaft Maschinen einzusetzen und steigerten so den Ertrag. Hungersnöte in Europa zog nur der erste und zweite Weltkrieg nach sich.

Heute werden in der westlichen Welt Nahrungsmittel im Überfluß produziert. Das gewährleistet für uns Menschen Bequemlichkeit, Sicherheit, führt aber oft auch zu übermäßigem Konsum von Genußmitteln. Gerade dieser Überfluß bringt uns neue Krankheiten.

Köchin und   *Koch mit Utensilien, um 1730*

Auf die richtigen Lebensmittel und die Essenszeiten kommt es an

20% der Kinder in Deutschland sind zu dick! Diese Feststellung traf die Süddeutsche Gesellschaft für Kinderheilkunde und Jugendmedizin auf ihrer Jahrestagung 1995 in Bad Tölz.
Als häufige Gründe für übermäßiges Essen wurden Langeweile, aber auch familiäre Veranlagung, Umwelteinflüsse und Schulstreß angeführt.
Unsere Lebens- und Arbeitsbedingungen haben sich in den letzten Jahrzehnten gehörig gewandelt. Körperliche Schwerarbeit, also echte Muskelarbeit mit hohem Energieverbrauch, wird mehr und mehr von Maschinen übernommen. An ihre Stelle treten meist sitzende Tätigkeiten am Schreibtisch, Schaltpult und Fließband, die hohe Konzentrations- und Nervenanspannung verlangen, aber eben wenig Muskelkraft. Weite Wege werden mit Auto, Bus oder Bahn zurückgelegt. Durch die Verkürzung der Arbeitszeit in den letzten Jahren hat auch die Freizeit zugenommen. Wir bewegen uns auch hier zu wenig – selbst Sport erleben wir hauptsächlich als Zuschauer vor dem Fernseher oder im Stadion. Bei Schulkindern führen oft weite Schulwege und Nachmittagsunterricht dazu, daß sie unregelmäßig essen. Sie verpflegen sich dabei vorwiegend mit Würstchen, Gyros, Pizza, Hamburgern oder Süßigkeiten. Doch gerade diese Mahlzeiten sind häufig zu fett bzw. zu süß, auch kommen darin kaum frische Zutaten vor.
Diese falsche Ernährung, die oft auch später beibehalten wird, hat häufig Konzentrationsschwächen in der Schule und beim Lernen sowie Nervosität und Zahnkaries zur Folge. Viele Schüler verbringen einen großen Teil ihrer Freizeit vor dem Fernseher oder Computer und naschen nicht selten nebenbei. Somit läßt auch das Übergewicht nicht lange auf sich warten. Besonders Mädchen reagieren darauf häufig mit verschiedenen Diäten, die zu Eßstörungen führen und damit gesundheitsschädlich sind. Dazu zählt die Magersucht, ein krankhaftes Hungern, um schlank zu bleiben oder zu werden. Es wirkt sich nicht selten lebensbedrohlich aus. Auch die Bulimie (eine Eß-Brech-Sucht) zählt zu den ernsthaften Eßstörungen. Hierbei wird unmäßig gegessen, um die Nahrung später durch Erbrechen wieder von sich zu geben. Dieses Fehlverhalten führt zu Mangelerscheinungen und häufig zu einer Schädigung des Magens und der Zähne. Herzerkrankungen, Zuckerkrankheit, Gicht, Kreislauferkrankungen, Lebererkrankungen sind mögliche Folgen von falschen Ernährungsgewohnheiten. Jeder dritte stirbt in der Bundesrepublik Deutschland an einer ernährungsbedingten Krankheit. Häufig ist Übergewicht die Ursache für diese Krankheiten.

Bei der Festlegung, was Übergewicht ist, gehen Ärzte davon aus, daß dabei ein sog. Normalgewicht überschritten wird.
Als Berechnungsgrundlage dient der Body-Mass-Index (BMI), der sich aus Quotient von Körpergewicht in kg und Körpergröße in m zum Quadrat ergibt.

$$BMI = \frac{\text{Körpergewicht in kg}}{(\text{Körpergröße in m})^2}$$

Liegt das Ergebnis (der Quotient) zwischen 18 und 25, sprechen wir vom Normalgewicht.

Bei Kindern und Jugendlichen gelten Mittelwerte, die aus vielen Erhebungen in der Bundesrepublik Deutschland berechnet wurden:

	Kinder				Jugendliche	
	10–12 J.		13–14 J.		15–18 J.	
	m	w	m	w	m	w
Körpergröße (cm)	151	150	169	164	174	166
Körpergewicht (kg)	40,9	40,1	55,2	52,6	67,0	58,0

Arbeitsauftrag

Besprecht in der Gruppe, wann man als Schüler besonders müde und schlapp ist! Schreibt euer Ergebnis auf!

Jeder Mensch besitzt eine bestimmte »Leistungskurve«. Folgende Grafik soll dir das verdeutlichen.

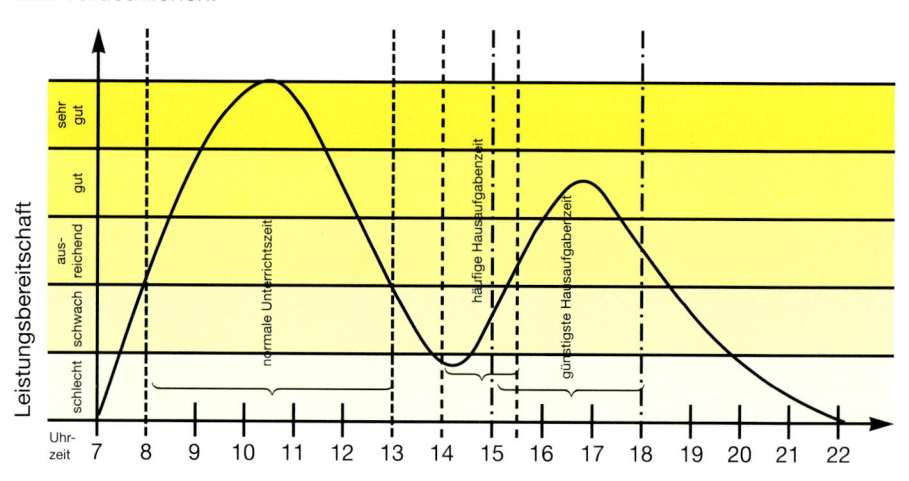

Um ein Absinken der Leistung zu verhindern, soll man Phasen der Müdigkeit und Leistungsschwäche durch gesunde Zwischenmahlzeiten überbrücken.
Dabei ist ein **5-Mahlzeiten-Rhythmus** zu empfehlen:

Frühstück	25%
1. Zwischenmahlzeit (Pause)	10%
Mittagessen	30%
2. Zwischenmahlzeit (Vesper)	10%
Abendessen	25%

Ungeachtet der veränderten Lebensbedingungen ernähren wir uns zu fett, zu süß und zu üppig.

Gerade bei unserem umfangreichen Lebensmittelangebot (vergleiche auch das Kapitel »Überlegtes und umweltbewußtes Einkaufen« S.000) wäre es sehr einfach, uns das ganze Jahr über mit ausreichenden Nährstoffen und Ballaststoffen zu versorgen. Beachte bei der täglichen Kostzusammenstellung folgende Ratschläge, denn richtige Ernährung schafft Wohlbefinden:
▶ bevorzuge mehrere kleine Mahlzeiten, über den Tag verteilt,
▶ trinke zum Frühstück wenigstens Milch oder Kakao, wenn dir das Essen so früh schwerfällt,
▶ denke gerade beim Pausenbrot an die wieder benötigte Leistungsfähigkeit,
▶ achte auf vollwertige Ernährung (Vollkorn, frisches Obst und Gemüse, Milch/Milchprodukte und kalt gepreßte Öle) – iß also abwechslungsreich und ausgewogen,

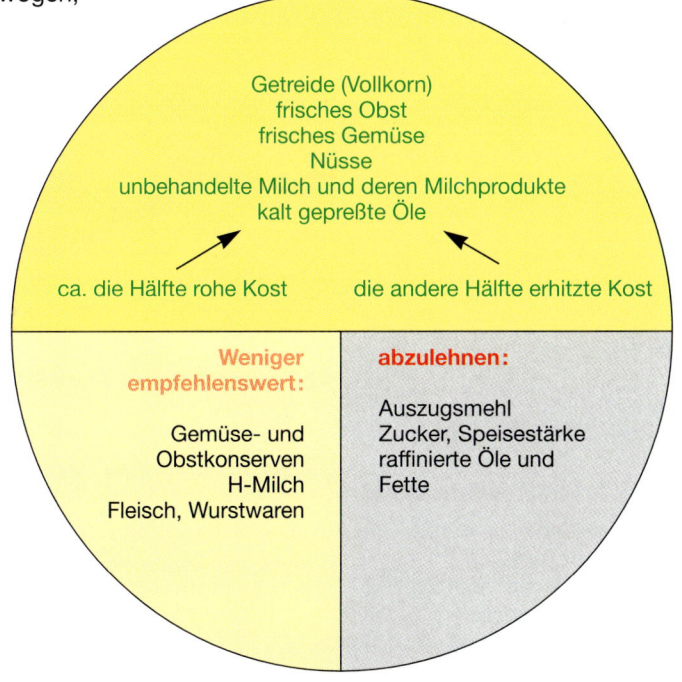

Getreide (Vollkorn)
frisches Obst
frisches Gemüse
Nüsse
unbehandelte Milch und deren Milchprodukte
kalt gepreßte Öle

ca. die Hälfte rohe Kost   die andere Hälfte erhitzte Kost

Weniger empfehlenswert:

Gemüse- und Obstkonserven
H-Milch
Fleisch, Wurstwaren

abzulehnen:

Auszugsmehl
Zucker, Speisestärke
raffinierte Öle und Fette

▶ bevorzuge energiearme Getränke wie Wasser oder Fruchtsäfte ohne Zuckerzusatz oder fettreduzierte Milch,
▶ verzichte auf Süßes und Fast-Food als Zwischenmahlzeit, wähle stattdessen frisches Obst oder Milchprodukte,
▶ das Abendessen soll mögliche Ernährungsfehler ausgleichen.

Merke

○ Achte bei deiner Ernährung, besonders wenn du dich wenig bewegst, auf energiearme Lebensmittel!
○ Iß lieber fünf kleine Mahlzeiten am Tag als drei üppige.
○ Vermeide übermäßige Zwischenmahlzeiten!
○ Lehne extreme Hungerkuren ab!

Wir steigern mit einem vollwertigen Pausenbrot unsere Leistungsfähigkeit.

Schmackhaftes Pausenbrot

4	Scheiben Vollkornbrot evtl. etwas Butter oder Margarine	bestreiche die Vollkornbrote dünn mit Margarine
4	Scheiben Putenbrust	belege die Vollkornbrote mit der Putenbrust und dem Hüttenkäse
1/2	Becher Hüttenkäse	
1/4	Salatgurke	garniere die Vollkornbrote mit Gurkenscheiben und Mandarinenspalten
2	Mandarinen	

Garniere das Brot mit frischem Gemüse oder frischen Früchten.

Überprüfe dein Wissen

① Wie wirkt sich schwere körperliche Arbeit (Anstrengung und Bewegung) auf den Nahrungsbedarf aus?
② Warum gibt es in unserer Zeit so viele schwergewichtige Menschen? Wie kannst du Übergewicht vermeiden?
③ Nenne die häufigsten Ernährungsfehler!
④ Übergewicht ist oft eine Ursache für ernährungsbedingte Krankheiten. Nenne diese!
⑤ Erkläre die Wichtigkeit des Pausenbrotes.
⑥ Warum können wir unser Pausenbrot als ausgewogen und vollwertig bezeichnen?
⑦ Nenne drei Regeln für gesunde Ernährung!

3.2 Inhaltsstoffe der Nahrung

Wir klären Begriffe

Um die Zusammenhänge einer gesunden Ernährung verstehen zu können, müssen wir uns mit einigen Begriffen auseinandersetzen, die uns im Unterricht, aber auch in Zeitschriften, Rundfunk- und Fernsehsendungen oft begegnen.

> WIRKSTOFFE *Lebensmittel* Energiestoffe *Vitamine* JOULE
> *Kalorien* Mineralstoffe BAUSTOFFE *Fett* KOHLENHYDRATE
> *Wasser* *Nährstoffe* *Eiweiß* Genußmittel *Nahrung*
> SCHUTZ- UND REGLERSTOFFE

Der Mensch nimmt als Nahrung täglich Lebensmittel zu sich. Das ist der Überbegriff für alles Eß- und Trinkbare.
Wir verstehen darunter Nahrungsmittel. Diese dienen der menschlichen Ernährung. Sie können pflanzlicher oder tierischer Herkunft sein, sie können roh oder verarbeitet sein.
Die Bestandteile, die der Körper aus der Nahrung verwerten kann, nennt man Nährstoffe. Das sind lebensnotwendige (= essentielle) Bestandteile der Nahrung. Über sie informieren dich die nächsten Kapitel dieses Buches.
Genußmittel dagegen sind nicht lebensnotwendig.

Tierischer Herkunft *Pflanzlicher Herkunft* *Kaffee, Tee* *Alkohol*

Die Genußmittel liefern keine Nährstoffe. Tee und Kaffee haben allerdings eine anregende Wirkung auf den Körper – sie gelten als Muntermacher. Bei häufigem Konsum entsteht eine Art Sucht. Bei vielen Konsumenten entsteht der Eindruck, nur mit Kaffee oder Tee leistungsfähig zu sein. Sie befürchten müde und schlapp zu werden, wenn sie darauf verzichten.
Bei regelmäßigem Konsum von alkoholischen Getränken besteht die Gefahr des Alkoholismus. Er tritt zunächst in Form einer Sucht auf und führt in einem späteren Stadium zur körperlichen Abhängigkeit und schweren gesundheitlichen Schäden.

Übersicht über die Nährstoffe und deren Aufgaben im Körper

Wir unterscheiden verschiedene Nährstoffe		Die Nährstoffe erfüllen im Körper unterschiedliche Aufgaben
Kohlenhydrate	Energie-stoffe	**Sie bilden im Körper Kraft und Wärme ⇒ Energie.** für körperliche und geistige Anstrengung. Je schwerer die körperliche Anstrengung, um so mehr Kraft wird verbraucht (verbrannt).
Fett		
Eiweiß	Bau-stoffe	**Sie bauen den Körper auf.** Der Körper verbraucht täglich einen Teil seiner Zellen. Diese werden durch die Nahrung, besonders Eiweiß, Wasser und Mineralstoffe, ersetzt.
Wasser		
Mineralstoffe	Schutz- und Regler-Stoffe	**Sie schützen uns vor Krankheiten und regeln die Körpervorgänge.** Vitamine und Mineralstoffe bringen die anderen Nährstoffe erst zur richtigen Wirkung. Sie heißen deshalb auch **Wirkstoffe.**
Vitamine		

Wir haben gelernt, daß Nährstoffe die Bestandteile aus der Nahrung sind, die der Körper für verschiedene Aufgaben verwerten kann.
Es gibt noch andere Bestandteile in der Nahrung, die der **Körper nicht direkt ausnutzen** kann, die aber trotzdem eine **wichtige Aufgabe** erfüllen.
Das sind die ebenfalls lebensnotwendigen (essentiellen) **Ballaststoffe (Zellulose)** und die Begleitstoffe **Farb-, Duft- und Geschmackstoffe.**

Ballaststoffe regen die Darmtätigkeit an	Farb-, Duft- und Geschmackstoffe regen den Appetit an

Fett, Kohlenhydrate und **Eiweiß** liefern dem Körper unterschiedliche Mengen an Energie. Diese Energie können Wissenschaftler messen. Früher wurde die gelieferte Energie in Kalorien, jetzt wird sie in »Joule« (sprich dschul) gemessen. 1 kcal entspricht 4,184 kJ, gerundet 4 kJ. Je 1 g Kohlenhydrate und 1 g Eiweiß liefern dem Körper (gerundet) 17 kJ, 1 g Fett 37 kJ, also mehr als doppelt soviel Energie.
Der Energiebedarf ist nicht bei allen Menschen gleich. Körperlich leicht Arbeitende (z. B. Buchhalter, Optiker, ...) benötigen eine geringere Energiezufuhr als Mittelschwerarbeiter (z. B. Briefträger, Hausfrau mit Kindern, ...) und Schwerarbeiter (z. B. Maurer, Bauarbeiter, ...).

Merke

○ Der Energiebedarf wird vom **Geschlecht,** vom **Alter,** von der **Art der Tätigkeit,** ja sogar von der **Größe** und vom **Gewicht** bestimmt.
○ Menschen mit leichter körperlicher Arbeit sollten vor allem Lebensmittel mit einem hohen Energiewert (fettreiche Lebensmittel) meiden.
○ Überschüssige Energiestoffe müssen mit Sport oder körperlicher Anstrengung abgebaut werden.
○ Auch Schüler haben beim **Sport** einen erhöhten Energiebedarf.

Welche Nährstoffe sind eigentlich in unseren Lebensmitteln enthalten?

Hawaiitoast/Pizzatoast

4	Scheiben Vollkorntoast	hell toasten
	mit Butter/Mayonnaise	bestreichen
	mit gekochtem Schinken/ Salami	nacheinander belegen
	mit Ananas/Tomate	
	Schmelzkäse	

Achte auf ordentliches Belegen!
Überbacke die Toasts
ca. 10 Minuten bei 180 bis 190 °C.

Grüner Salat mit Essig-Öl-Marinade

1	Kopfsalat	die einzelnen Salatblätter kurz unter fließendem Wasser säubern, zerkleinern
3 EL	Essig	
2 EL	Öl	
	evtl. Wasser	alle Zutaten gut verrühren, abschmecken, kurz vor dem Servieren über den Salat geben
1 Prise Salz, Pfeffer		
1 Prise Zucker		
	Salatkräuter	überstreuen

Überprüfe dein Wissen

① Erkläre den Unterschied von Nahrung und Nährstoffen!
② Welche Nährstoffe hast du kennengelernt?
③ Bestimme die Nährstoffe der einzelnen Lebensmittel unseres Rezeptes!
④ Welche Aufgaben haben die Nährstoffe zu erfüllen?
  Beachte! Einige Nährstoffe haben zweierlei Aufgaben zu erfüllen!
⑤ Welche Bestandteile der Nahrung können als nicht essentiell bezeichnet werden? Begründe!
⑥ Was bedeutet der Begriff »Joule«?
⑦ Erkläre, wovon der Energiebedarf eines Menschen abhängig ist!

3.3 Kohlenhydrate

Einteilung der Kohlenhydrate

Wie wir bereits gelernt haben, spenden Kohlenhydrate dem Körper **Energie**.
Die Kohlenhydrate bilden mit etwa **60%** einen bedeutsamen Anteil der Nahrung.
Sie treten verstärkt auf in:

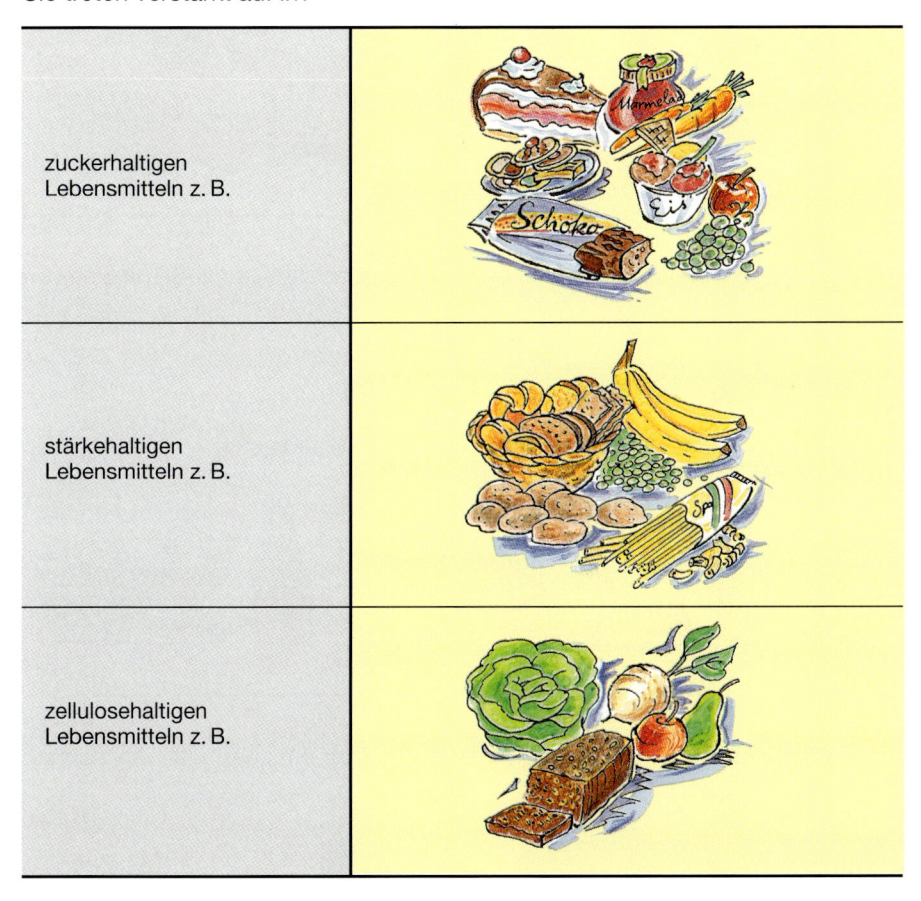

zuckerhaltigen Lebensmitteln z. B.	
stärkehaltigen Lebensmitteln z. B.	
zellulosehaltigen Lebensmitteln z. B.	

Arbeitsauftrag

Auf den letzten Seiten dieses Buches könnt ihr in der Nährwerttabelle nachsehen, wieviel Kohlenhydrate in den einzelnen Lebensmitteln enthalten sind. Die Zellulose ist unter der Spalte »Ballaststoffe« extra ausgewiesen. Nutze deine Kenntnisse aus dem Biologieunterricht.

Die Pflanze baut aus den Grundstoffen zuerst auf:

Einfachzucker (Symbol)

Dazu gehören **Traubenzucker** und **Fruchtzucker**.

Bei Verbindung von zwei Molekülen Einfachzucker entsteht unter Abspaltung von Wasser

Doppelzucker (Symbol)

Dazu gehören **Haushaltzucker, Milchzucker** und **Malzzucker**.

Bei Verbindung von vielen Molekülen Einfachzucker entsteht unter Abspaltung von Wasser

Vielfachzucker (Symbol)

Dazu gehören **Stärke** und **Zellulose**.

In der Umgangssprache verstehen wir unter den Kohlenhydratarten Zucker, Stärke und Zellulose.

Wir versuchen den Namen der Kohlenhydrate zu klären

Versuche oder Rezepte sollen uns helfen, etwas über die chemischen Grundstoffe zu erfahren, aus denen die Pflanze Kohlenhydrate bildet.

Dafür benötigen wir:

| 1 EL Zucker
1 Reagenzglas
Feuerstelle | 1 EL Stärke
1 Reagenzglas
Feuerstelle | **Versuchsdurchführung:**
Erhitzt den Zucker/Stärke! Beobachtet die Veränderung! Was stellt ihr an der Innenwand des Glases fest? Holt mit einem Holzstäbchen etwas Zuckermasse aus dem Glas! Kostet! |

Krokant

50 g	Zucker	in einer Stielpfanne verflüssigen, bis er goldbraun wird, der Zucker karamelisiert
10 g	Butter	zugeben
100 g	grob gehackte Mandeln	untermischen, durchrühren, bis eine gleichmäßige Masse entsteht auf ein geöltes Blech streichen, erkalten lassen, mit dem Nudelholz zersplittern
Verwendung:		zu Süß- und Obstspeisen

Ihr könnt bei den Versuchen und dem Rezept Veränderungen feststellen und kommt nun sicher auf die chemischen Grundstoffe, aus denen die Kohlenhydrate Zucker und Stärke bestehen; das sind

Wasserstoff, Sauerstoff und Kohlenstoff

Das gleiche Ergebnis hätten wir, wenn wir ein zellulosehaltiges Lebensmittel, wie z. B. ein Kohlblatt, stark erhitzen würden. Mit dem Ergebnis können wir uns jetzt auch den eigenartigen Namen erklären. »Kohlen« weist auf den Kohlenstoff hin und »hydrate« (griech.: hydor) heißt soviel wie Wasser, das aus Wasserstoff und Sauerstoff besteht (H_2O). Mit dem Wortbestandteil »Hydor« sind noch viele weitere Wörter der deutschen Sprache gebildet worden: z. B. Hydraulik, Hydrant, Hydrolyse, Hydrometer u. a.

Merke

○ Kohlenhydrate bestehen aus den chemischen Grundstoffen Kohlenstoff, Wasserstoff und Sauerstoff.
○ Die Pflanze baut zuerst Trauben- und Fruchtzucker auf.
○ Wir unterscheiden zucker-, stärke- und zellulosehaltige Lebensmittel.

Wir nutzen bei der Zubereitung von Speisen die Eigenschaften von Zucker und Stärke

Schoko-Birnen-Igel

	Birnenhälften aus der Dose
100 g	Mandelstifte
1/2 l	Milch
	Zucker nach Vorschrift
1 P.	Schokoladenpuddingpulver

Birnenhälften mit Mandelstiften bestecken (Gesicht ausgespart)

Pudding nach Vorschrift herstellen (orientiere dich an der Packungsaufschrift des Puddingpulvers)

bespickte Birnenhälften mit dem Pudding übergießen (Gesicht ausgespart)

Zum Verzieren:
Rosinen

die Augen des Igels werden mit Rosinen markiert

Es kann sein, daß etwas Pudding übrigbleibt.
Der »Igel« sollte nicht im Pudding ertrinken!

Wir können bei der Zubereitung der Speise einige Kohlenhydrateigenschaften feststellen:
– **Zucker löst** sich in kaltem Wasser langsam, in heißem schnell. Man zuckert deshalb Speisen (z. B. Kompotte, Breie, süße Soßen) möglichst im warmen Zustand,
– **Stärke schmeckt neutral,** sie hat keinen typischen Geschmack. Sie kann deshalb für süße und pikante Speisen verwendet werden,
– **Stärke ist unlöslich in kaltem Wasser** und setzt sich ab, angerührtes Puddingpulver und/oder alle anderen stärkehaltigen Bindemittel müssen deshalb vor dem Einrühren in die heiße Flüssigkeit aufgerührt werden,
– **Stärke wird klumpig,** wenn man sie, **ohne anzurühren,** in die kochende Flüssigkeit gibt. Stärkehaltige Bindemittel müssen also immer kalt angerührt werden. Um den Gebrauch von Stärke zu vereinfachen, gibt es im Handel bereits fertige Soßenbinder, die man nur noch einstreuen muß.

Überprüfe dein Wissen

① Nenne die verschiedenen Formen der Kohlenhydrate!
② Beurteile die unterschiedliche Bedeutung der Kohlenhydrate!
③ Ordne die Zutaten des Rezeptes den zucker-, stärke- und zellulosehaltigen Lebensmitteln zu! Kennzeichne sie jeweils mit den Symbolen der Kohlenhydratarten!
④ Erkläre das Vorkommen von Kohlenhydraten in tierischen Lebensmitteln!
⑤ Wie kannst du feststellen, aus welchen chemischen Grundstoffen Kohlenhydrate bestehen? Nenne sie!

Bedeutung der Kohlenhydrate für den menschlichen Körper

Viele Menschen essen leidenschaftlich gern Süßes: Kuchen, Torten, Bonbons, Schokolade, Pralinen.
Wenn Kohlenhydrate dem Körper Energie für körperliche und geistige Anstrengung spenden, so kann diesen Menschen ja nichts fehlen – so meint man. Aber weit gefehlt! So harmlos ist das leider nicht!
Zucker, Stärke und Zellulose haben im Körper unterschiedliche Aufgaben zu erfüllen und auch eine unterschiedliche Bedeutung für die Gesunderhaltung des Körpers.

Kohlenhydrate in Form von **Zucker** und **Stärke** sind **Energiestoffe.** Die von ihnen gelieferte Energie kann vom Körper vollständig ausgenutzt werden. Sie sind häufig arm an Vitaminen und Mineralstoffen.
Wir nennen sie deshalb **energiereiche, leere Kohlenhydrate.** Energie ist für viele körperliche Tätigkeiten notwendig. Zucker- und stärkehaltige Lebensmittel sind in der Regel leicht zu verdauen, deshalb essen wir oft mehr als zur Energieversorgung benötigt wird. Das führt häufig zu Übergewicht.

Merke

○ Zucker wird im Körper schneller als Stärke in Fett umgewandelt, gibt aber die Energie auf der anderen Seite langsamer wieder ab.
○ Der Zuckerabbau im Körper benötigt außerdem Vitamin B, das aber dringend für andere Körpervorgänge gebraucht wird.
○ Zucker bewirkt leider auch das Entstehen von Karies.
○ Nimm am Tag nicht mehr als 30 g Zucker zu dir.

Kohlenhydrate in Form von **Zellulose** nennt man, wie du schon gehört hast, **Ballaststoffe.**
Diese Nahrungsbestandteile hielt man früher für unnötigen Ballast, da sie unverdaulich sind. Sie liefern auch kaum Energie. **Zellulose** erfüllt jedoch im Körper eine wichtige Funktion.

Zellulosehaltige Lebensmittel **regen** die **Darmtätigkeit an.** Alle unter Darmträgheit leidenden Menschen sollten reichlich zellulosehaltige Lebensmittel zu sich nehmen. Auch die Menschen, die ihr **Übergewicht loswerden** wollen, können mit zellulosehaltiger Kost gute Erfolge erzielen, da diese sättigt, ohne zu nähren.

Ursachen und Folgen falscher Kohlenhydratzufuhr

Wie bereits im Kapitel »Anforderungen an eine gesunde Ernährung« besprochen, hat sich die Zahl der Schwerstarbeiter im Laufe der Jahre verringert. (Machten die Schwerstarbeiter 1925 noch etwa 35% aus, so sind es heute nur noch 10%.)
Zwar hat sich die Anspannung der Nerven erhöht, die Aktivität der Muskeln ist jedoch zurückgegangen. Trotzdem werden bei der Kohlenhydratzufuhr noch immer viele Fehler gemacht.
Viele Berufstätige stillen ihren Hunger in Kantinen oder (wie z. B. Schüler mit weiten Schulwegen oder Nachmittagsunterricht) an Imbißständen. Oft werden auch nur Kuchen, Süßigkeiten oder süße Getränke zum Stillen des Hungers konsumiert. Dadurch kommen jedoch frische Lebensmittel zu kurz.
In der Bundesrepublik Deutschland haben deshalb auch chronische und bösartige Darmerkrankungen stark zugenommen. Um diesen Ernährungskrankheiten vorzubeugen, müssen wir verstärkt auf eine **ballaststoffreiche Kost** achten.

Merke

○ Eine vorrangig ballaststoffreiche Kost bedeutet eine gesunde, vollwertige und bedarfsdeckende Kost.
○ Ganz wichtig ist: Die zuckerhaltigen Lebensmittel (also die energiereichen) sollten unsere Ernährung in ganz geringem Maße bestimmen.
○ Bei schwerer körperlicher Anstrengung (Arbeit, Sport) darf sich der Kohlenhydratbedarf kurzzeitig erhöhen.

Wir berücksichtigen bei der Zubereitung von Speisen ballaststoffreiche Lebensmittel und überprüfen die Eigenschaften der Kohlenhydrate

Käsespätzle

250 g bis 300 g	Vollkornspätzle/Teigwaren	Spätzle/Teigwaren garen, abseihen, nicht abbrausen
20 g	Fett für die Form	die Auflaufform einfetten
50 g 1	Butter/Margarine große Zwiebel	Butter erwärmen, die in Ringe geschnittene Zwiebel darin andünsten
200 g	geriebener Emmentaler	Spätzle/Teigwaren lagenweise mit dem Käse in die Form schichten, den Abschluß bilden Käse und die gedünsteten Zwiebelringe
		Spätzle bei 200 °C ca. 10 Minuten überbacken

Dazu reichen wir einen Tomatensalat, grünen oder gemischten Salat. Das Rezept der Essig-Öl-Marinade kennst du schon. Du kannst aber auch das Öl durch süße Sahne und den Essig durch Zitronensaft ersetzen. Dieses Rezept kannst du auch mit frischen, selbst hergestellten Spätzle zubereiten. Bedenke aber, daß du mehr Arbeitszeit einplanen mußt.

Wir können beim Garen von Spätzle oder Teigwaren folgende Kohlenhydrateigenschaft ausnützen:
Stärke quillt und verkleistert bei zunehmender Hitze. Stärkehaltige Lebensmittel, wie Spätzle, Knödel oder Nudeln, müssen in die kochende Flüssigkeit gegeben werden. Die äußere Schicht dieser Lebensmittel verkleistert sofort, die Form bleibt so erhalten. Stärke bindet allmählich Flüssigkeit. Das ist vor allem zum Binden von Soßen und Suppen von Vorteil. Auch die Zubereitung des Puddings (du kennst sie schon) beruht auf dieser Eigenschaft.

Alle Gemüsesorten enthalten Zellulose (Faserstruktur). Wir unterscheiden Gemüse mit harter Faserstruktur, wie Weißkohl, Sellerie, Gelbe Rüben, Kohlrabi, und solche mit zarter Faserstruktur, z. B. Tomaten, Zucchini und Auberginen. Je zarter die Zellulose, um so kürzer die Garzeit und um so leichter die Verdaulichkeit.

Bestreut einen halbierten Apfel mit etwas Zucker und beobachtet!
Erinnert euch an die Beschaffenheit von Zucker in einer Zuckerdose, die länger nicht mehr gebraucht wurde und vielleicht sogar in einem feuchten Raum aufbewahrt wurde.

Gebt je 1 TL Zucker in ein Glas mit kaltem Wasser/mit heißem Wasser. Rührt beide Male drei- bis fünfmal. Beobachtet! Worauf schließt ihr beim Süßen des Kompotts?

Zucker zieht Flüssigkeit an (aus Lebensmitteln und aus der Luft), deshalb muß er immer trocken gelagert werden. Früchte, die Saft ziehen sollen, werden gezuckert, z. B. beim Ansetzen einer Bowle oder bei der Marmeladenherstellung. Hier wirkt der Zucker außerdem noch konservierend.

Zucker karamelisiert beim trocknen Erhitzen und bekommt einen anderen Geschmack. Du kennst diese Eigenschaft schon aus dem Versuch von S. 59. Zuckerhaltige Speisen brennen besonders leicht an, du solltest sie deshalb bei geringer Hitze häufig umrühren.

Stärke bräunt durch Hitze. Es entsteht Dextrin, das wir in der Brotkruste, im getoasteten Brot und auch in der Einbrenne ganz deutlich schmecken. Vorsicht beim Herstellen einer Einbrenne bzw. beim Toasten, denn bei zu langem Erhitzen wird Stärke schwarz und schmeckt dann bitter.

Überprüfe dein Wissen

① Wie würdest du jemanden, der zu viel Süßes ißt, von seiner ungesunden Lebensweise abbringen?
② Menschen, die an Darmträgheit leiden oder zu Übergewicht neigen, könnten durch gezielte Aufnahme der richtigen Kohlenhydrate Erfolge erzielen. Berate die Menschen fachkundig!
③ Wann darf sich die Kohlenhydratzufuhr einmal erhöhen?
④ Warum ist es wichtig, stärkehaltige Speisen mit einem frischen Salat oder Gemüse zu ergänzen?

3.4 Fette

Die Einteilung der Fette

Mit dem Fett lernst du einen weiteren Nährstoff kennen. Ernährungswissenschaftler betonen: Beim Konsum von Fetten wird ebenso »gesündigt« wie bei den Kohlenhydraten.
Die Art des Fettes beeinflußt den Gesundheitszustand des Menschen auf Dauer mit. Deshalb müssen wir uns zunächst einen Überblick über verschiedene Fette verschaffen.
Fette unterscheiden sich hinsichtlich ihrer Herkunft und Beschaffenheit.

Pflanzliche Fette
Olivenöl, Erdnußöl, Keimöl, Palmöl, Sonnenblumenöl, Kokosöl, Kokosfett, Margarine, Schmelzmargarine, Halbfettmargarine (nur als Brotaufstrich geeignet).

Arbeitsauftrag

Zerreibe Erdnüsse und/oder Sonnenblumenkerne auf Papier. Was stellst du fest?

Speiseöle können nach der betreffenden Pflanze benannt werden, z. B. Sonnenblumenöl. Dann bestehen sie aus reinem, unvermischtem Öl der betreffenden Pflanze.
Speiseöle, die als **Tafel-, Salat- oder Kochöl** bezeichnet werden, sind Ölmischungen.

Die Herstellungsweise (Kaltpressung oder Herauslösen durch Wärme und Fettlösungsmittel aus der Pflanze) ist auch für den Gesundheitswert ausschlaggebend. Kalt gepreßtes Öl ist wertvoller als das durch Wärme herausgelöste, da dabei wichtige Vitamine verlorengehen. Deshalb sollen diese Öle auch nicht erhitzt werden.

Margarine wird zum Teil aus hochwertigen Pflanzenfetten hergestellt. Sie ist dann als Delikateßmargarine und Diätmargarine im Handel. Diese Sorten sind noch mit hochwertigen Vitaminen angereichert. Das muß auf der Packung angegeben sein. Unter der Bezeichnung »Tafelmargarine« kommen jene Sorten in den Handel, die aus weniger wertvollen Ausgangsstoffen bestehen, nämlich aus mindestens 50% Pflanzenfetten, der Rest aus tierischen Fetten.

Kokosfette werden oftmals in einem besonderen Verfahren gehärtet, sind aber auch als Soft-Ware erhältlich (soft = weich).

Tierische Fette
Butterschmalz, Milchhalbfett (Verwendungszwecke sind auf der Packung gekennzeichnet), Schweinefett, Speck, Rindertalg, Gänsefett, Fischtran.

Butter: Milch wird gereinigt, durch Zentrifugieren wird der Rahm abgetrennt und dieser dann zu Butter verarbeitet. Es gibt Sauerrahmbutter (durch Zusatz von Milchsäurebakterien) und Süßrahmbutter (reiner Süßrahm).

Fette werden immer bei Zimmertemperatur beurteilt. Nach ihrer **Beschaffenheit** unterscheiden wir

Flüssige Fette	Öle, Tran (dickflüssiges Fett von Walen, Robben). Aus den sehr vitaminreichen Fischleberölen wird Lebertran gewonnen, der als Arznei eine Rolle spielt. Öle bestehen zu 100% aus Fett.
Weiche Fette	Butter, Butterschmalz, Schweinefett, Gänsefett, Margarine, Schmelzmargarine. Sie sind nahezu wasserfrei und bestehen zu 90% aus Fett.
Feste Fette	Kokosfett, Rindertalg. Sie bestehen zu 100% aus Fett.

Aufbau der Fette

Fett ist aus den gleichen chemischen Grundstoffen aufgebaut wie die Kohlenhydrate. Es sind dies

Kohlenstoff, Sauerstoff, Wasserstoff

Die einzelnen Atome von Kohlenstoff, Wasserstoff und Sauerstoff verbinden sich jedoch anders als bei den Kohlenhydraten. Aus den Grundstoffen des Fettes bilden sich die **Fettbausteine Glycerin** und **Fettsäuren**. Auch das Tier baut Fett auf, allerdings vorwiegend aus kohlenhydrathaltiger Kost.

1 Molekül Glycerin und 3 Moleküle Fettsäuren ergeben das Fettmolekül. Dabei wird Wasser abgespalten.

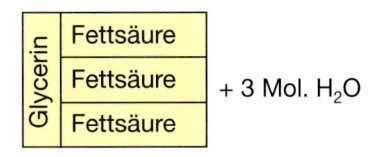

Glycerin	Fettsäure
	Fettsäure
	Fettsäure

$+ 3$ Mol. H_2O

Alle Nahrungsfette, ob flüssig oder fest, tierisch oder pflanzlich, sind aus verschiedenen Fettsäuren aufgebaut: den **gesättigten Fettsäuren** (sie enthalten soviel Wasserstoff wie möglich – sind also gesättigt), den **einfach ungesättigten** und den **mehrfach ungesättigten Fettsäuren** (ihnen fehlt Wasserstoff, sie sind nicht gesättigt, sondern ungesättigt). Diese unterschiedlichen Fettsäuren sind für den Gesundheitswert, den Geschmack und die Beschaffenheit der Fette verantwortlich. Für unsere Ernährung ist Fett mit mehrfach ungesättigten Fettsäuren besonders wichtig.

Die nachstehende Tabelle zeigt euch, daß **tierische Fette wenig – pflanzliche Fette viele** mehrfach ungesättigte Fettsäuren enthalten – Ausnahme: Olivenöl und Kokosfett.

Gehalt an mehrfach ungesättigten Fettsäuren

Tierische Fette	%	Pflanzliche Fette	%
Butter	2–8%	Sonnenblumenöl	50–70%
Rinderfett	1–5%	Safloröl (Distelöl)	75–80%
Schweinefett	3–16%	Sojaöl	35–65%
Gänsefett	8–10%	Maiskeimöl	55–60%
		Olivenöl	5–15%
		Kokosfett	2%

Merke

○ **Mehrfach ungesättigte Fettsäuren sind für den Körper lebensnotwendig.** Man nennt diese deshalb auch **essentielle** Fettsäuren, d. h. »das Wesen einer Sache« (aus dem Lateinischen übersetzt).
○ Essentielle Fettsäuren kann der Körper nicht selbst aufbauen. Ein Mangel an ihnen verursacht körperliche Schäden.

Wir lernen bei Versuchen und bei der Zubereitung von Speisen Fetteigenschaften kennen und nutzen diese

Legt etwas Butter und Rindertalg auf die Handfläche. Beobachtet! Welchen Rückschluß läßt dies auf die Verdaulichkeit von hartem und weichem Fett zu?

Feine Lauchsuppe

2 Stangen	Lauch	putzen, halbieren, waschen, feine Streifen schneiden
10 g	Butter	erwärmen, den Lauch darin leicht andünsten
3/4 l	Wasser	den angedünsteten Lauch mit dem Wasser auf-
1–2	Brühwürfel	gießen, den Brühwürfel zugeben
	Salz, Pfeffer	die Suppe mit Gewürzen abschmecken und
2 EL	Crème fraîche	verfeinern
1 Bund	Schnittlauch	waschen, trockentupfen, in sehr feine Röllchen schneiden, über die Suppe geben

Getoasteter Vollkorntoast macht die Speise schmackhafter!

Fette haben einen unterschiedlichen Schmelzpunkt. Weiche Fette schmelzen bereits bei Körpertemperatur (28–30 °C), sind somit leichter verdaulich als harte Fette, die erst bei 30–50 °C schmelzen.

Fette enthalten auch unterschiedlich viel Wasser. Wasserhaltige Fette wie Butter oder Margarine eignen sich zum Dünsten, Überschmelzen oder Backen, sollten also immer dann benutzt werden, wenn das Fett keine hohen Temperaturen erreichen muß. Butterschmalz und Schmelzmargarine sind fast, feste Fette und Öle völlig wasserfrei. Sie eignen sich deshalb gut für Garverfahren mit höheren Temperaturen, z. B. zum Braten (Qualmpunkt ca. 220 °C).

Fette sind leichter als Wasser. Man kann Suppen, Sülzen und Soßen entfetten, da das Fett auf der Flüssigkeit schwimmt. Das gelingt leichter, wenn das Fett abgekühlt (erstarrt) ist.

Überprüfe dein Wissen

1. Erkläre den Aufbau der Fette!
2. Welche Aufgaben hat Fett im Körper zu erfüllen?
3. Welche Fette sind reich an essentiellen Fettsäuren? Welche nicht?
4. An welcher Eigenschaft liegt es, daß man Suppen, Sülzen und Soßen leicht entfetten kann? Wie macht man das am besten?
5. Wozu eignen sich wasserhaltige Fette in der Küchenpraxis?
6. Rindertalg und Hammelfett sind schwer verdaulich. Worauf beruht dies? Was kann man beim Verzehr beachten, um eine gute Verdaulichkeit bzw. Bekömmlichkeit zu gewährleisten?

Bedeutung der Fette für den menschlichen Körper

Alle Nahrungsfette, ganz gleich ob sie flüssig, weich oder fest, tierischer oder pflanzlicher Herkunft sind, liefern Energie. Vom Fett kann der Körper **mehr als doppelt soviel Energie** ausnutzen wie von den Kohlenhydraten. Da Fett ein so konzentrierter Energielieferant ist, liegt es nahe, sich vorzunehmen: »Ab morgen esse ich kein Fett mehr, das macht bloß dick!« Es ist jedoch nicht sinnvoll, eine fettfreie Kost anzustreben. Fett benötigt man zum Kochen und Braten. Ebenso bedeutsam ist es für den Körper.
Fett ist der **wichtigste** und **ergiebigste Energiespender.**
Fett kann in großen Mengen im Körper gespeichert werden. Es dient somit zum Aufbau von Fettzellen und wird im Unterhautfettgewebe und im Bauchraum gespeichert. Davon zehrt der Mensch in Notzeiten, z. B. bei längerer Krankheit.
Fett ist deshalb auch **Baustoff und Vorratsstoff.**
Dieses gespeicherte Körperfett nennt man auch Depotfett, das schließlich das Übergewicht ausmacht.
Darüber sind wir nicht gerade begeistert. Eine bestimmte Menge Depotfett ist aber unbedingt erforderlich:
▶ als **Wärmeschutz,**
▶ als **Schutz gegen Druck und Stoß** von außen,
▶ als **Schutz für manche Organe wie Augen und Nieren** (diese erfahren durch Fett eine schützende Polsterung).

Fetthaltige Lebensmittel enthalten wichtige Vitamine, die in unserem Körper als Schutz- und Reglerstoffe ihre Aufgaben erfüllen. Würden wir alle fetthaltigen Lebensmittel meiden, könnte es zu einem Mangel an einigen wichtigen Vitaminen kommen. (Mehr darüber könnt ihr im Kapitel »Vitamine« auf Seite 87 ff. nachlesen.)
Fett ist **Vitaminträger,** außerdem ist es **Träger essentieller Fettsäuren,** die für die Gesunderhaltung des Körpers von besonderer Bedeutung sind.
Wir decken unseren Bedarf durch **sichtbare** (Brat- und Kochfette) und **verdeckte** Fette. Für unseren täglichen Fettkonsum ist es wichtig, auf **verdeckte Fette** zu achten. Sie machen mehr als die Hälfte des täglichen Fettverzehrs aus.

Arbeitsaufträge

○ Schaut euch folgende Tabelle an! Was fällt auf?
○ Schreibt besonders fettreiche Lebensmittel heraus!

Lebensmittel	Fett je 100 g				
Mettwurst	51 g	Erdnüsse, geräuchert	49 g	Speisequark, mager	0,3 g
Salami	50 g	Seelachsfilet	1 g	Aal, roh	25 g
Kalbslunge	2 g	Pommes frites	6 g	Schinken, roh	35 g
Rehfleisch, Keule	1 g	Vollmilchschokolade	30 g	Eiscreme	10 g
Hühnereigelb	32 g	Forelle	3 g	Haselnüsse	61 g

Merke

○ Viele Lebensmittel, die einen sehr hohen Anteil an verborgenen Fetten haben, sind tierischer Herkunft.
○ Sie enthalten also überwiegend gesättigte Fettsäuren, die bei übermäßigem Verzehr dazu führen, daß der Cholesterinspiegel (siehe unten) ansteigt.

Ursachen und Folgen falscher Fettzufuhr

Geänderte Lebensgewohnheiten haben sich in den letzten Jahrzehnten auf unser Eßverhalten ausgewirkt. Krankheiten, die auf falscher Fettzufuhr beruhen, sind seither keine Seltenheit. Statt in der Familie gemeinsam regelmäßig zu essen, weicht man häufig auf Schnellimbisse und Kantinen aus. Auch die körperliche Tätigkeit, die Fett verbrennen läßt, fehlt häufig. Diese im Schnellimbiß und in Kantinen angebotenen Speisen enthalten viele tierische Fette und werden auch häufig in gehärteten Fetten oder Schmalz gegart. Nimmt man überwiegend tierische und damit gesättigte Fettsäuren zu sich, kann der Körper mit einem Anstieg des **Cholesterinspiegels** (d.h. des Blutfettspiegels) reagieren. Damit wird die Entstehung der Arterienverkalkung und des Herzinfarkts begünstigt.

Wie du bereits gelernt hast, sind für unsere Ernährung die pflanzlichen Fette besonders wichtig, da sie mehrfach ungesättigte Fettsäuren enthalten.

Tierische Fette   Pflanzliche Fette

Ein guter Rat:
Der Verzehr von Fett muß ausgewogen sein!

Arbeitsauftrag

Was würdet ihr jemandem raten, der auf Butter als Brotaufstrich nicht verzichten möchte? Ihr wißt ja, daß er zu wenig essentielle Fettsäuren zu sich nimmt. Ihr wißt auch, daß Butter als naturbelassenes Lebensmittel wertvoll ist, andererseits ihr Gehalt an ungesättigten Fettsäuren gering ist.

Wir wählen für unsere Speise ein wertvolles pflanzliches Öl – Sonnenblumenöl – und nutzen Fetteigenschaften

Pfannkuchen

250 g	Mehl	in eine Schüssel geben, Grube formen
1 Prise	Salz	zugeben
ca. 1/4 l	Milch	von der Mitte aus zuerst etwas Milch mit dem Mehl verrühren
4	Eier	zugeben. Es soll ein dickflüssiger Teig werden. Vielleicht braucht man zusätzlich noch etwas Milch. Sollen die Pfannkuchen besonders locker werden, trennt man die Eier und hebt den Eischnee unter.
	Sonnenblumenöl	Pfanne zuerst trocken heiß werden lassen, dann Öl zugeben, Pfanne von der Platte nehmen, etwas neigen, einen Schöpflöffel voll Teig einfließen lassen und gleichmäßig verteilen, Pfannkuchen auf beiden Seiten goldgelb backen

Fertigstellen: Pfannkuchen füllen, aufrollen, anrichten

Füllung: Konfitüre, Zimtzucker, Apfelmus u. a.

So verschiedenartig kannst du Pfannkuchen zubereiten:

Fett verteilt sich in feine Tröpfchen. Diesen Vorgang nennt man Emulgieren – es entsteht eine Emulsion. Beim Abspülen wird dieser Vorgang durch heißes Wasser und die Zugabe von Spülmittel begünstigt. Bei der Verdauung werden die Fette durch die Gallenflüssigkeit emulgiert. Sie werden dadurch leichter verdaulich. Auch die Mayonnaise ist eine Emulsion. Hier wird durch ständiges Einrühren von Öl in Eigelb und Gewürze erreicht, daß vom Öl nichts mehr zu sehen ist.

Überhitztes Fett ist gesundheitsschädlich. Überhitzte Fette zersetzen sich in Glycerin und Fettsäuren. Es entsteht ein brenzliger, stechender und säuerlicher Geruch. Deshalb muß Fritierfett nach zwei- bis dreimaligem Gebrauch gewechselt werden.

Fette verderben bei unsachgemäßer Lagerung. Sie zersetzen sich bei Licht und Wärme und an der Luft. Fetthaltige Lebensmittel sollten daher stets kühl und dunkel gelagert werden.

Überprüfe dein Wissen

① Erkläre die Folgen, die bei einer Ernährung mit zuwenig essentiellen Fettsäuren auftreten können!
② Welche Lebensmittel muß ein übergewichtiger Mensch meiden? Welche darf er bevorzugen?
③ Wozu verwendet man wasserfreie Fette? Begründe!
④ Wie müssen Fett oder fetthaltige Lebensmittel gelagert werden?
⑤ Du hast gehört, daß Fett in Wasser unlöslich ist. Auf welche Weise reinigst du Fettflecken auf Kleidungsstücken?

3.5 Eiweiß

Vorkommen von Eiweiß

Wir haben bisher die wichtigsten Energiespender – Kohlenhydrate und Fette – kennengelernt und wissen, daß sie, wenn sie in der richtigen Menge und Art aufgenommen werden, wichtige Aufgaben im Körper erfüllen. **Eiweiß** jedoch nimmt eine noch bedeutendere Rolle ein. Es ist der **Baustoff der Körperzellen.** Es ist im Blut, in Zellen, im Hirn, in Muskeln und Organen enthalten und baut diese auf. So wird z. B. in 158 Tagen die Hälfte der menschlichen Muskulatur neu gebildet. Die gesunde menschliche Leber erneuert sich sogar in zehn Tagen. Auch die Lebenszeit der roten Blutkörperchen ist kurz, sie erneuern sich in drei Wochen.
Ihr kennt das Eiweiß als einen Bestandteil des Hühnereies. Das im Eiklar enthaltene Eiweiß (ca. 11 g) dient als Baustoff für das werdende Küken. Aber nicht nur im Hühnerei ist Eiweiß enthalten.
Es kommt ebenso in **tierischen** und **pflanzlichen Lebensmitteln** vor:

Eiweißgehalt einiger wichtiger Lebensmittel (je 100 g)			
Sojamehl	43 g	Milch	3,2 g
Haferflocken	14 g	Hartkäse, vollfett	25 g
Hülsenfrüchte	20–24 g	Speisequark, mager	14 g
Gemüse	1–2 g	Rindfleisch, mager	19 g
Obst	1 g	Schweinefleisch, mager	19 g
Hühnerei	13 g	Fisch (Rotbarschfilet)	18 g

Aufbau von Eiweiß

Eiweiß nimmt unter den Nährstoffen eine Sonderstellung ein. Um dies zu erklären, müssen wir untersuchen, wie es aufgebaut ist.

> **Ein Versuch soll uns helfen:** Wir erhitzen in einem Reagenzglas etwas getrocknetes Hühnereiklar. Beobachtet!
> Beschreibt die Veränderung des getrockneten Eiklars!
> Achtet besonders auf den Glasrand und den Geruch!

Ihr könnt einige Veränderungen feststellen, die euch an die Versuche mit Zucker und Stärke erinnern. Eiweiß besteht ebenfalls hauptsächlich aus den Grundstoffen

Kohlenstoff, Wasserstoff und **Sauerstoff.**

Der äußerst unangenehme Geruch läßt noch auf einen weiteren chemischen Grundstoff schließen, dessen Name euch von verschiedenen Düngemitteln bekannt ist.

Es ist der **Stickstoff.**

Eiweiß ist der einzig stickstoffhaltige Nährstoff und kann deshalb durch keinen anderen Nährstoff ersetzt werden.
Aus diesen vier chemischen Grundstoffen sind die **Aminosäuren** (der Baustein von Eiweiß) aufgebaut.
Es gibt ungefähr 20 bis 25 Aminosäuren. Acht Aminosäuren sind für den Körper essentiell (d. h. lebensnotwendig), da er sie selbst nicht aufbauen kann.

Arbeitsauftrag

Wenn Hühnereier zu alt sind und falsch gelagert werden, besteht die Gefahr, daß sich die Salmonellen sehr schnell vermehren.
Überlegt, wie eine Infektion vermieden werden kann.

altes Ei   *frisches Ei*

Merke

○ Der Körper benötigt Eiweiß, um leben und wachsen zu können.
○ Eiweiß ist in zahlreichen pflanzlichen und tierischen Lebensmitteln enthalten.
○ Eiweiß besteht aus **Kohlen-, Wasser-, Sauer- und Stickstoff.**
○ **Essentielle Aminosäuren** müssen mit der Nahrung zugeführt werden.

Wir erkennen Eiweißeigenschaften bei der Zubereitung von Speisen

Feine Obst-Quarkspeise

200 g	frisches Obst der Saison	je nach Obstsorte säubern, in feine Scheiben oder Viertel (z. B. bei Erdbeeren) schneiden, einige Obstspalten zur Verzierung aufheben
500 g	Quark	
2	Eigelb	
2–4 EL	Zucker	mischen, die Säfte unter ständigem Rühren einrühren, mit dem Obst vermengen
1/2	Zitrone (Saft)	
2–3 EL	Orangensaft	
2	Eiweiß	zu Eischnee schlagen und unterheben

Die Quarkspeise in ein Schälchen füllen und verzieren.

Achte darauf, daß du frische Eier benutzt (mögliche Salmonellengefahr, vor allem im Sommer), du kannst auch die Eierschaummasse durch geschlagene Sahne (100 ml) ersetzen.

Eine süße Quarkmasse kann vielfältig verfeinert werden:
▶ Die Quarkmasse mit frischen Erdbeeren oder Himbeeren (säubern, die Erdbeeren eventuell kleinschneiden) in hohe Glasschälchen abwechselnd einschichten.
▶ Frische Ananasstücke oder Orangen- und Mandarinenspalten unter die Quarkmasse heben.
▶ Schwarzwaldbecher: die Quarkmasse wird abwechselnd mit Sauerkirschen und geraspelter Schokolade eingeschichtet.

▶ Westfälische Quarkspeise: die Quarkmasse abwechselnd mit Obst (z. B. Himbeeren, Erdbeeren, eingemachte Preiselbeeren u. a.) und vier Scheiben zerbröseltem Pumpernickel in Gläser einschichten.

Besonders bei der Zubereitung von Quarkspeisen muß man auf eine Eiweißeigenschaft achten.
Eiweiß gerinnt durch Säuren. Bei Milchmixgetränken und Cremes aus Milchprodukten muß Zitronen- oder Orangensaft deshalb sehr vorsichtig und unter ständigem Rühren zugegeben werden. Bei der Herstellung von Sauermilch, Quark und Joghurt werden Milchsäurebakterien zugesetzt. Wenn Milch länger an der Luft stehengelassen wird, gerinnt sie wegen der Milchsäurebakterien. Das ergibt Sauermilch. Auch hastig getrunkene Milch auf nüchternen Magen bekommt uns nicht, weil sie plötzlich zu Klumpen gerinnt, wenn sie mit der Magensäure zusammentrifft!
Eiweiß kann zersetzen. Konserven, die für die Zubereitung von Quarkspeisen oder anderen Gerichten verwendet werden, müssen immer in einem einwandfreien Zustand sein. Verwende deshalb auf keinen Fall Dosen mit gewölbtem Deckel, hier haben sich bereits Bakteriengifte gebildet!
Achte auch bei Tiefkühlkost darauf, daß das Verfallsdatum nicht überschritten wird, Eiweiß zersetzt sich weiter.

Überprüfe dein Wissen

① Aus welchen chemischen Grundstoffen ist Eiweiß aufgebaut?
② Wie heißen die Eiweißbausteine?
③ Versuche den Begriff »essentielle Aminosäuren« zu erklären. Dein Wissen aus dem Biologieunterricht kann dir nützlich sein!
④ Nenne zwei Eiweißlieferanten für unsere tägliche Ernährung!
⑤ Worauf ist bei der Herstellung einer Quarkspeise mit Zitronen- oder Orangensaft zu achten?
⑥ Warum ist es ratsam, Milch in kleinen Schlucken zu trinken?
⑦ Warum sollte man eine Quarkspeise oder ein Fruchtmilchgetränk erst kurz vor dem Verzehr zubereiten?
⑧ Was ist von Konserven mit gewölbtem Deckel bzw. Boden zu halten?

Bedeutung von Eiweiß für den menschlichen Körper

Auch Eiweiß liefert Energie. Der Körper nutzt diese, wenn die Kohlenhydrate und Fette nicht ausreichend Energie liefern. Die Hauptaufgabe des Eiweißes besteht jedoch im **Aufbau von Zellen** und **Körpereiweiß.** Da Eiweiß im Körper nur in ganz geringfügigen Mengen gespeichert werden kann (ihr wißt, bei Kohlenhydraten und Fetten ist das anders), müssen wir das Nahrungseiweiß regelmäßig als »Baumaterial« benutzen. Um es im Körper als Baustoff voll wirksam werden zu lassen, sollten wir sowohl tierisches als auch pflanzliches Eiweiß zu uns nehmen. Es ist erwiesen, daß eine Mischung dieser zwei Eiweißträger den Aufbau von Körpereiweiß begünstigt.
Aus Pflanzeneiweiß kann der Körper nur wenig Körpereiweiß aufbauen. Man sagt: Die **biologische Wertigkeit** ist niedrig.
Die biologische Wertigkeit gibt an, wieviel Gramm Körpereiweiß aus 100 g Nahrungseiweiß aufgebaut werden kann.
Im tierischen Eiweiß sind die essentiellen Aminosäuren in viel höherem Maße vorhanden, so daß viel Körpereiweiß daraus aufgebaut werden kann. Die biologische Wertigkeit ist hoch.
Gut ergänzen sich: pflanzliches Eiweiß mit tierischem Eiweiß.
Kaum ergänzen sich: pflanzliches Eiweiß mit pflanzlichem Eiweiß.

Der Speisezettel braucht nicht langweilig zu sein. Es gibt viele Möglichkeiten, wie man den Eiweißbedarf **gesundheitsbewußt** decken kann. Dabei sollten wir stets beachten: 1/3 tierisches und 2/3 pflanzliches Eiweiß gelten als ausgewogen!

Arbeitsauftrag

Stellt verschiedene Mahlzeiten für Frühstück, Mittagessen und Abendessen zusammen, in denen eine ausgewogene (1/3 : 2/3) Eiweißaufnahme gewährleistet ist.

Ursachen und Folgen falscher Eiweißzufuhr

Es liegt nun nahe anzunehmen, daß viel Körpereiweiß auch viel Aufbauarbeit leisten kann und unsere Gesundheit dadurch positiv beeinflußt wird. Viel ist jedoch nicht immer gut!

Viele Menschen in den hochentwickelten Ländern essen zuviel tierisches Eiweiß in Fleisch, Wurst, Eiern u. a.
Diese Überversorgung kann zu **Gicht** führen. Die Gelenke verdicken, versteifen und schmerzen.

Allerdings schadet auch zuwenig Eiweiß der Gesundheit. Unter starken Eiweißmangelerscheinungen leiden in den Entwicklungsländern viele Menschen. Sie nehmen täglich höchstens ca. 50 g Eiweiß, davon etwa nur 9 g tierisches Eiweiß auf. Wenn der Mensch wenig Eiweiß erhält, nimmt sich der Organismus Eiweiß aus der Körpersubstanz. Hier fehlt es nun zum Aufbau und Ersatz von Zellen. Bei länger andauerndem Eiweißmangel reagiert der Körper empfindlich:
▶ Er magert ab.
▶ Bei Kindern tritt eine Gewebewassersucht (erkennbar an aufgedunsenen Bäuchen) auf.
▶ Die Widerstandskraft gegen Krankheiten nimmt ab.
▶ Wachstumsstörungen treten auf.
▶ Die geistige Entwicklung bleibt zurück.

Einige Menschen verzichten aus ethischen Gründen auf Fleisch. Auch mit einer fleischlosen Kost kann man sich jedoch vollwertig ernähren. Sie enthält neben dem pflanzlichen Eiweiß auch tierisches Eiweiß aus Hühnereiern, Milch und Milchprodukten. Vor allem Kinder, Jugendliche und schwangere Frauen sollten jedoch von einer streng vegetarischen Kost (hierbei wird auf alle tierischen Produkte verzichtet) absehen.

Merke

○ Eiweiß muß regelmäßig und zu jeder Mahlzeit aufgenommen werden, da es im Körper nicht gespeichert werden kann und wichtigster Zellbaustoff ist.
○ Kinder und Jugendliche benötigen wegen ihres Wachstums mehr Eiweiß.
○ Ältere Menschen müssen ebenfalls mehr Eiweiß zu sich nehmen, da es ihr Körper nicht mehr voll ausnutzen kann.
○ Kranke und Genesende benötigen das Eiweiß im besonderen Maße, um ihren Organismus wieder aufzubauen.
○ Bei hohem Fieber darf kein Eiweiß gegessen werden.

Wir achten bei unserer Speise auf eine ausgewogene Eiweißzufuhr und nutzen die Eiweißeigenschaften

Hamburger einmal anders: Hac Mac

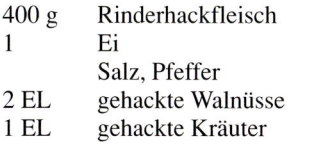

400 g	Rinderhackfleisch	
1	Ei	
	Salz, Pfeffer	alle Zutaten mit einer Gabel zu einem geschmeidigen Fleischteig vermengen
2 EL	gehackte Walnüsse	
1 EL	gehackte Kräuter	
2 EL	Vollkornsemmelbrösel	4 flache Fleischküchlein formen, in den Vollkornsemmelbröseln wenden
2 EL	Sonnenblumenöl	die Fleischküchlein auf beiden Seiten 5 Minuten braten
4	Vollkornsemmeln	
100 g	Kräuterquark	
1	Zwiebel	die Vollkornsemmeln mit Quark bestreichen, die in Scheiben geschnittenen Zutaten auf einer Hälfte verteilen, die Fleischküchlein daraufgeben und mit der zweiten Semmelhälfte bedecken
1	Tomate	
1	Gewürzgurke	
evtl.	Eissalatblätter	

Auch ein »Hamburger« kann vollwertig sein.

Eiweiß kann binden. Das Eiweiß im Ei hat die Fähigkeit, als Bindemittel zu wirken. Das machen wir uns besonders beim Herstellen von Fleisch-, Kuchen- oder Semmelteigen zunutze. Je eireicher ein Teig ist, um so weicher darf er sein.
Eiweiß ist in Wasser löslich. Lebensmittel sollte man deshalb nicht im Wasser liegenlassen, sondern kalt, kurz und unzerkleinert unter fließendem Wasser waschen, z. B. Tomaten, Gemüse, geschälte Kartoffeln und Fleisch.
Eiweiß gerinnt durch Hitze. Fleisch und Fisch muß man deshalb immer in heißes Fett oder in kochende Flüssigkeit geben. So gerinnen die Außenschichten des Eiweißes. Der Saft des Fleisches oder des Fisches kann somit nicht mehr so leicht austreten.
Eiweiß kann sich zersetzen, wie du bereits weißt. Fäulnisbakterien bringen wasserhaltige, eiweißreiche Lebensmittel schnell zum Verderben. Es entstehen Bakteriengifte (Toxine), die sehr gesundheitsschädigend sind und schwere Lebensmittelvergiftungen hervorrufen. Deshalb müssen eiweißreiche Lebensmittel wie Fische, Pilze, Fleisch, Hackfleisch und Wurst schnell verwendet werden.

Überprüfe dein Wissen

① Was beachtest du vor allem bei der Vorbereitung eiweißreicher Lebensmittel, damit der so wichtige Nährstoff nicht verlorengeht?
② Warum kommt man beispielsweise bei der Herstellung von Fleischküchlein (Hackfleischteig) nicht ohne Eier aus?
③ Warum sollen Fleisch und Fisch immer in die kochende Flüssigkeit oder ins heiße Fett gegeben werden?
④ Was ist bei der Aufbewahrung eiweißreicher (besonders zusätzlich wasserhaltiger) Lebensmittel zu beachten?
⑤ Welches Eiweiß hat eine hohe biologische Wertigkeit?
⑥ Was ist an der Behauptung falsch, daß man sich überwiegend mit tierischem Eiweiß ernähren soll?
⑦ Welche Personen haben einen erhöhten Eiweißbedarf? Begründe!
⑧ Welche Erscheinungen des Eiweißmangels und der Eiweißüberernährung hast du kennengelernt?
⑨ »Nährstoffe unter sich!«

„Ich vertrete Sie gerne einmal im Speisezettel, wenn Sie nicht da sind!"

„Danke sehr! Ich tue dies auch gerne!"

„Mich kann leider niemand vertreten, ich bin täglich unentbehrlich!"

Um welche Nährstoffe kann es sich nur handeln? Was soll damit zum Ausdruck gebracht werden?

3.6 Wasser

Vorkommen von Wasser

Jeder Mensch benötigt täglich Flüssigkeit.

Ihr seht, der Mensch braucht täglich etwa 2 bis 2,5 l! Diese Menge erscheint ziemlich hoch. Wir decken jedoch unseren Flüssigkeitsbedarf nicht nur mit Wasser, sondern zur einen Hälfte mit Getränken, zur anderen mit flüssigen Speisen und festen, aber wasserhaltigen Speisen.
Achtet auf den Wassergehalt von verschiedenen Lebensmitteln!

Gurke	Kohl	Milch	Apfel	Kartoffel	Ei	Fleisch	Vollkornbrot
95%	92%	88%	85%	78%	74%	70%	44%

Bei manchen Gelegenheiten kann sich der Wasserbedarf des einzelnen Menschen erhöhen. Die Illustrationen geben euch Hinweise!

Aber auch bei Verzehr von vielen Süßigkeiten und süßen Getränken erhöht sich der Bedarf.

Arbeitsaufträge

○ In welchen Situationen erhöht sich das Durstgefühl? Versuche es zu erklären!
○ Stellt in eurer Gruppe Getränke zusammen, die den Durst gut löschen!

Bedeutung des Wassers für den menschlichen Körper

Wasser liefert dem Körper keinerlei **Energie.** Es enthält außer Mineralstoffen keine anderen Nährstoffe. Dennoch ist es für unser Leben unentbehrlich. Wasser hat im Körper wichtige Aufgaben zu erfüllen.

Wasser ist Baustoff des Körpers. Der menschliche Körper besteht zu über 60 % aus Wasser, das sich vorwiegend in den Körperzellen befindet. Es ist auch zur Bildung der Körpersäfte, z. B. der Blutflüssigkeit, der Verdauungssäfte – wie Speichel und Magensaft –, unentbehrlich. Fehlt es an der notwendigen Wasserzufuhr, wird beispielsweise das Blut zu dick, die Schleimhäute in der Mundhöhle und in den Lungen trocknen aus, es tritt unausweichlich der Tod ein, weil die Körpervorgänge nicht mehr funktionieren.

Wasser dient als Lösungsmittel im Körper. Die Verdauungssäfte lösen die Nährstoffe aus der aufgenommenen Nahrung, um sie für den Körper verwertbar zu machen. Sie gelangen durch die Darmwände ins Blut.

Wasser dient auch als Transportmittel im Körper. Die im Blut angelangten gelösten Nährstoffe werden dann in die Zellen transportiert, wo sie jeweils benötigt werden. Umgekehrt werden auch die Abfallstoffe zu den Ausscheidungsorganen geleitet. Ohne entsprechende Zufuhr von Flüssigkeit können die Nieren keinen Harn mehr bilden, der die Abfallstoffe aus dem Körper befördert. Der Körper wird vergiftet.

Ebenso verhält es sich mit dem Sauerstoff, den wir durch das Atmen aufnehmen. Auch er wird durch die Körperflüssigkeiten in die Zellen transportiert. Als Abfallprodukt (Kohlenstoffdioxid) gelangt er zu den Ausscheidungsorganen Lunge und Haut.

Wasser dient als Wärmeregler im Körper. Bei starker Hitze und großer körperlicher Anstrengung bildet der Körper Schweiß. Er gibt somit das Wasser durch die Schweißdrüsen ab. Die Haut fühlt sich kühl an, weil durch das Verdunsten des Wassers auf der Hautoberfläche Körperwärme verbraucht wird. Das Wasser dient somit als Wärmeregler. Ohne entsprechende Zufuhr von Flüssigkeiten kann die Haut keinen Schweiß mehr bilden, der den Körper vor Überhitzung schützt.

Merke

○ Trinken ist wichtig. Machst du es aber auch richtig?

WASSERAUFNAHME 2–3 ℓ UND WASSERAUSSCHEIDUNG müssen sich ausgleichen — Stuhl und Harn ca. 1,5 ℓ — Haut und Lunge ca. 1 ℓ

○ Es ist ungesund, wenn man öfter über den Durst trinkt. Große Flüssigkeitsmengen belasten auf die Dauer das Herz, den Kreislauf und die Nieren.
○ Beachtet euer natürliches Durstgefühl! Trinkt also nicht aus Langeweile oder Zeitvertreib!
○ Nicht zu salzig essen! Salzige Kost macht durstig!
○ Auf die Verdauungsorgane wirkt es sich schädlich aus, wenn ihr zu heiß oder zu kalt trinkt. Besonders zu Kaltes kann bleibende Schäden verursachen.

◯ Gewöhnt euch daran, nicht ständig während des Essens zu trinken. Der laufende Wechsel von warmen Speisen und kalten Getränken bekommt den Verdauungsorganen ebensowenig. Außerdem wird die Nahrung weniger gekaut.
◯ Stillt euren Durst mit energiearmen Getränken!

Wir lernen bei der Zubereitung von Speisen und bei Versuchen die Wassereigenschaften kennen und nutzen diese

Reibedatschi (Kartoffelpuffer)

| 1 P. | Fertigpulver | nach Vorschrift quellen lassen möchtest du die Reibedatschi besonders fein, kannst du nach dem Quellen noch einen Becher Sauerrahm und ein Ei zugeben, gleichmäßige Kugeln formen, mit einem Pfannenwender flachdrücken |
| | Fett zum Ausbacken | die Reibedatschi im heißen Fett ausbacken, im Backofen warmstellen, bis alle gebacken sind |

Du kannst die Reibedatschi süß – mit Apfelmus – oder pikant – mit Kraut – servieren!
Besser und wertvoller wird das Gericht, wenn es mit frischen Zutaten bereitet wird. Du mußt aber mehr Zeit einplanen.

Während die Reibedatschi quellen, könnt ihr einen Versuch durchführen.

Gebt je einen TL Zucker in ein Glas heißes Wasser und kaltes Wasser. Rührt drei- bis viermal um. Beobachtet und schließt auf eine längst bekannte Eigenschaft von Wasser. Dasselbe Ergebnis bekommt ihr auch, wenn ihr Salz verwendet.

Du hast bemerkt, daß **Wasser Fertigprodukte** (z. B. Knödelpulver usw.) **zum Quellen bringt.** Auch getrocknete Lebensmittel wie Dörrobst, Hülsenfrüchte und Pilze müssen meist über Nacht eingeweicht werden. Dadurch werden die Zellwände aufgeweicht, und die Trockenfrüchte werden größer. **Wasser löst auch manche festen Stoffe.** Jedoch löst heißes Wasser Zucker und Salz schneller als kaltes, deshalb sollen Speisen noch warm gezuckert und gesalzen werden. Im Trinkwasser sind manchmal auch Mineralstoffe gelöst. Ihr kennt das von verschiedenen Mineralwässern. Hier benötigt der Vorgang jedoch viele Jahre.

Überprüfe dein Wissen

① Warum kann der Mensch nicht längere Zeit ohne Flüssigkeit auskommen?
② Welche Aufgaben hat Wasser im Körper zu erfüllen?
③ Warum hat ein Kranker mit hohem Fieber besonders viel Durst?
④ Wie decken wir unseren täglichen Flüssigkeitsbedarf?
⑤ Warum kann man Wasser als Lösungs- und Transportmittel im Körper bezeichnen?
⑥ Begründe, warum körperlich schwer arbeitende Menschen einen erhöhten Flüssigkeitsbedarf haben!
⑦ Nenne einige Trinkregeln!
⑧ Beschreibe die richtige Vorbereitung von Trockenfrüchten oder Knödelpulver. Welche Eigenschaft des Wassers wird hier ausgenutzt?

Die Aufgaben des Wassers sind aber noch vielseitiger.

Arbeitsauftrag

Lies dir folgenden Text über die **Wassereigenschaften** durch.
Überprüfe bei unserem Rezept »Spaghetti Bolognese«, ob diese ausgenutzt werden.

Aus der Küchenpraxis sind dir schon einige Wassereigenschaften bekannt.
Wasser ist ein Säuberungsmittel im Haushalt, das zur Reinigung vieler Lebensmittel und zur Aufrechterhaltung der Hygiene im Haushalt (Geräte, Räume, Wäsche, Personen usw.) uentbehrlich ist.
Wasser löst Farb-, Geschmacks- und Nährstoffe besonders gut aus zerkleinerten Lebensmitteln heraus. Lebensmittel waschen wir deshalb nur unzerkleinert unter kaltem, fließendem Wasser. Somit bleiben wertvolle Nährstoffe, z. B. in Salat, Gemüse und Kartoffeln, erhalten.
Alle Geschmackszutaten, die gelöst werden sollen (z. B. Zitronenschale im Reis- oder Grießbrei, Zimtrinde im Punsch, Knochen, Grünzeug in der Suppe) setzt man in kaltem Wasser an und erhitzt sie langsam, damit die auslaugende Wirkung länger andauert.
Wasser ist wichtig zum Garen vieler Speisen. Es siedet bei 100 °C. Durch den Kochvorgang (Garen in viel Flüssigkeit) werden zahlreiche Lebensmittel genießbar, z. B. Nudeln und Reis. Aber Vorsicht! Viele Nahrungsmittel werden ausgelaugt.

Empfindliche Gemüse sollten vorzugsweise mit **Wasserdampf bei etwa 100 °C** im Dämpfer gegart werden, um ein Auslaugen der Nährstoffe zu verhindern; sie können aber auch in wenig Flüssigkeit gedünstet werden.

Als schonendstes Verfahren des Garens mit Wasser gilt **das Druckgaren** (Garen durch Überdruck bei 110 bis 118 °C). Es werden Nährstoffe geschont, da das Gargut nicht im Wasser liegt und die Garzeit erheblich verkürzt wird.

Spaghetti Bolognese

1	Zwiebel	häuten, in kleine Würfel schneiden
1	Knoblauchzehe	
2 EL	Öl/Olivenöl	Zwiebel- und Knoblauchwürfel darin andünsten
1/2	Gelbe Rübe	waschen, evtl. schälen, würfeln, zu den angedünsteten Zwiebeln geben
200 g	Rinderhackfleisch	hinzufügen und unter ständigem Rühren etwa 5 Minuten garen
	Salz, Pfeffer	Gargut würzen
	Paprika, edelsüß	
250 g	geschälte Tomaten	die Tomaten würfeln, mit dem Saft zugeben
evtl. 1/8 l	Wasser	aufgießen
60 g	Tomatenmark	einrühren und etwa 15 Minuten köcheln lassen
1/2 TL	Basilikum	
1/2 TL	Oregano	unterrühren und die Soße nochmals gut abschmecken
2–3 l	Wasser	zum Kochen bringen
	Salz	
	Öl	
300 g	Spaghetti	die Spaghetti in 8 bis 10 Minuten »al dente« (bißfest) kochen, abseihen, abtropfen lassen
	Geriebener Parmesan	

Spaghetti mit der Soße und dem Käse servieren.

Wasser ist Hauptbestandteil aller Getränke. Folgende **Rezepte verschiedener Getränke** kannst du sicher auch in anderen Unterrichtsstunden oder zu Hause ausprobieren.

Früchteglögg

1	Orange Gewürznelken	Orange mit den Nelken spicken und in einen Kochtopf legen
1 l	Apfelsaft	Säfte darübergießen, langsam erhitzen, **nicht kochen,** fünf Minuten ziehen lassen, Orange herausnehmen
1 l	schwarzer Johannisbeersaft	

Früchteglögg schmeckt besonders gut an kalten Tagen.

Schwarzer Tee

Offener Tee
1 gestrichenen Teelöffel pro Tasse

Teebeutel
1 Teebeutel mit 1,5 g Inhalt pro Tasse

Zubereitung:
1. Wassermenge zum Kochen bringen.
2. Teekanne erwärmen, kochendes Wasser einfüllen, kurz stehen lassen, ausgießen.
3. Teemenge abmessen, in einen Teefilter oder aber lose in das entsprechende Teegefäß geben.
4. Tee mit kochendem Wasser übergießen, ziehen lassen.
   Läßt man schwarzen Tee länger als 4 Minuten ziehen, lösen sich Stoffe, die eher beruhigend wirken. Der Tee wird dann allerdings auch bitter.

1. Minute	2. Minute	3. Minute	4. Minute	5. Minute
←	anregend	→ ←	beruhigend	→

Die Wirkung setzt bei Kaffee sofort, bei Tee erst später und langsamer ein und hält länger an. Die Zugabe von Zucker und Milch verzögert die anregende Wirkung. Bei einem normalen Aufguß haben Bohnenkaffee und Tee einen gleich hohen Coffeingehalt.

Überprüfe dein Wissen

① Zähle alle Wassereigenschaften auf, die wir bei unserer Speise ausnutzen!
② Erkläre, warum Obst und Gemüse vor dem Zerkleinern gesäubert werden sollen!
③ Überlege, was »al dente« beim Garen von Spaghetti bedeuten könnte!

3.7 Vitamine

Vorkommen und Bedeutung von Vitaminen

Wie du vielleicht aus dem Geschichtsunterricht weißt, waren früher lange Schiffsreisen gefürchtet. Das war jedoch nicht nur deshalb der Fall, weil Stürme, Windstille oder Piraten eine Bedrohung darstellten, sondern auch, weil oft eine rätselhafte Krankheit die Matrosen heimsuchte. Diese Krankheit war Skorbut, eine Vitamin-C-Mangelerscheinung, die auch als „Geisel der Meere" bezeichnet wurde.
Die Teilnehmer an einer Entdeckungsfahrt nach Neufundland (1541) glaubten, diese lange Reise unbeschadet überstehen zu können, da sie genügend Wasser, Getreide, Pökelfleisch und Speck mitgenommen hatten. Sie irrten sich.

Es wurde überliefert:
»Eine unbekannte Krankheit begann sich unter den Besatzungsmitgliedern auf die schrecklichste Art und Weise auszubreiten. Zunächst fühlten sie sich unbeschreiblich müde, verloren dann all ihre Kraft und konnten nicht mehr auf den Beinen stehen. Dann schwollen die Beine an. Ihre Muskeln schrumpften ein und wurden schwarz wie Kohle. Andere hatten gefleckte Haut und bekamen blutige Stellen. Ihre Münder wurden stinkend, ihr Zahnfleisch blutete und wurde allmählich faul. Die Zähne fielen aus ... Indianer brachten den Besatzungsmitgliedern die Zweigspitzen des Tujabaumes. Nach Verzehr der frischen, grünen Blätter wurden sie schlagartig wieder gesund.«
Bis man sich allerdings diese Wunderwirkung bestimmter Lebensmittel erklären konnte, vergingen noch viele Jahrhunderte.

Arbeitsauftrag

Heute ist es selbstverständlich, daß vielerlei Küchenkräuter Verwendung finden. Welche Kräuter kannst du selbst anpflanzen?

Vitamine werden als **Schutz- und Reglerstoffe,** aber auch als **Wirkstoffe** bezeichnet. Sie liefern dem Körper keinerlei Energie. Er benötigt diese lebensnotwendigen Bestandteile der Nahrung jedoch für den ungestörten Ablauf der Körpervorgänge. Sie sind in vielen – besonders frischen – Lebensmitteln vorhanden, wenngleich in geringeren Mengen als die Nährstoffe Fett, Eiweiß und Kohlenhydrate. Folgende Übersicht zeigt dir die wichtigsten Vitamine:

Fettlösliche Vitamine

Vitamin A wird als **Hautschutzvitamin** und **Autofahrervitamin** bezeichnet. Ein **Mangel** hat rauhe Haut, Schuppenbildung, Akne, Entzündungen, aber auch Sehstörungen, vor allem bei Dunkelheit, zur Folge.

Vitamin D wird auch das **Knochenvitamin** genannt. Es ist zur normalen Entwicklung der Knochen unentbehrlich. Ein **Mangel** führt zu Rachitis, einer Knochenweichheit, die man bei Kindern hin und wieder beobachten kann. Die verzögerte Zahnung, die Verformung der Beine (O- und X-Beine) oder eine Verkrümmung des Rückgrats sind nicht selten eine Folge des Vitamin-D-Mangels.

Vitamin E ist für den Fettstoffwechsel wichtig, es schützt auch ungesättigte Fette vor der Zerstörung.

Wasserlösliche Vitamine

Bei Vitamin B handelt es sich um eine ganze Gruppe von Vitaminen, B_1, B_2, B_6, B_{12}, darum spricht man auch von der Vitamin-B-Gruppe oder dem Vitamin-B-Komplex. Vitamin B wird auch **Nervenvitamin** genannt. Ein **Mangel** hat Nervenschwäche, Herzstörungen, Appetitlosigkeit, brüchige Fingernägel und Blutarmut zur Folge.

Die Folsäure wird zur Blutbildung benötigt. Sie begünstigt den Aufbau von wichtigen Körpersubstanzen.

Vitamin C ist das bekannteste Vitamin. Ein **Mangel** führt (wie ihr schon dem Expeditionsbericht entnehmen konntet) zu Zahnfleischbluten, Appetitlosigkeit, Müdigkeit und begünstigt Erkältungskrankheiten.
Zur Abwehr von Infektionskrankheiten, besonders in den Wintermonaten, ist es unentbehrlich.

Ursachen und Folgen falscher Vitaminzufuhr

Wie du bereits aus der Tabelle ersehen konntest, kann es zu Mangelerscheinungen kommen, wenn ein bestimmtes Vitamin fehlt. Vitamine haben bereits bei kleinen Mengen eine große Wirkung. Eine ausreichende Vitaminzufuhr muß vor allem während einer Krankheit, im Wachstum, bei starker körperlicher Anstrengung (Sport), in der Schwangerschaft und vor allem in den Wintermonaten gewährleistet sein. Menschen, die viel rauchen, Alkohol trinken, Süßigkeiten naschen oder ständig Abführmittel nehmen, haben stets einen erhöhten Vitaminbedarf. Vitaminpräparate sollten nur als zusätzliche Vitaminversorgung bei speziellen Situationen dienen. Vitaminforscher befürchten, daß der Körper bei dieser konzentrierten Vitaminaufnahme verlernen könnte, sich selbst die Vitamine aus der Nahrung herauszulösen. Wer sich ausgewogen mit frischer gemischter Kost ernährt, gewährleistet eine ausreichende Versorgung mit Schutz- und Reglerstoffen.

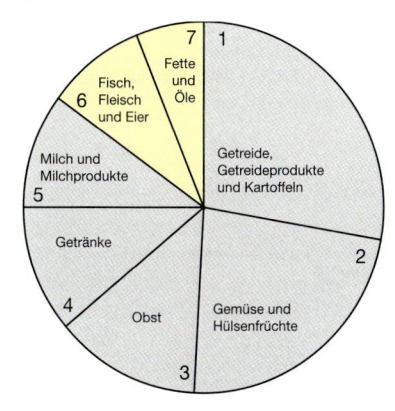

Aus den Gruppen 1 bis 5 sollten täglich reichlich Lebensmittel ausgewählt werden. Weniger Lebensmittel sollten aus den Gruppen 6 und 7 verzehrt werden, dabei aber auf Abwechslung geachtet werden.
Erhitzt werden sollten insgesamt nur etwa 40 bis 50% der Kost.

Leider werden viele Lebensmittel nicht in der Form genossen, wie sie in der Natur vorkommen. Reis und Getreide werden z. B. von der vitaminhaltigen Schale befreit (wir essen häufiger weißen Reis und helle Mehlprodukte), Kartoffeln und Obst werden geschält, wodurch viele Vitamine verlorengehen.
Vitamine sind äußerst empfindlich gegen Luftsauerstoff, Licht und Wärme, Vitamin B und C und die Folsäure werden auch durch Wasser herausgelöst. Deshalb sollten bei der Lagerung, Vorbereitung und der Verarbeitung einige Grundsätze beachtet werden:

Merke

- Frische Lebensmittel stets kühl, dunkel und nicht zu lange lagern!
- Beim Schälen und Putzen nur das Nötigste entfernen! Lebensmittel kurz, kalt und unzerkleinert waschen, geschnittenes Obst und Gemüse abdecken! Obst und Gemüse sollte möglichst roh verzehrt werden.
- Nährstoffschonende Garverfahren wählen (Dünsten, Dämpfen, Garen in Folie u. a.), dabei die Garzeiten einhalten und ggfs. die Kochflüssigkeit weiterverwenden.
- Gegarte Speisen durch Frischkräuter aufwerten.
- Es sollten täglich Vollkornprodukte auf dem Speiseplan stehen.

Gefüllte Tomaten mit Vollkorntoast

4	Tomaten	waschen, abtrocknen, Deckel abschneiden, die Früchte aushöhlen, das Fruchtfleisch würfeln
100 g 100 g	Emmentaler gekochter Schinken	in kleine, schmale Streifen schneiden
1 1/2	Gewürzgurke säuerlichen Apfel	den Apfel waschen, beides ebenfalls in feine Streifen schneiden
2 EL 1/2 TL 1 Prise 1 Prise 1 TL 1 Bd.	saure Sahne Senf Pfeffer Salz Zitronensaft Schnittlauch	die saure Sahne mit den Gewürzen zu einer Marinade verrühren, gut abschmecken, mit den in Streifen geschnittenen Zutaten und den gewürfelten Tomaten und der Hälfte des in Röllchen geschnittenen Schnittlauches mischen
	Kräutersalz	die ausgehöhlten Tomaten mit Kräutersalz bestreuen, den Salat einfüllen und den Deckel aufsetzen

Mit Vollkorntoast anrichten und den restlichen Schnittlauch darübergeben

Überprüfe dein Wissen

① Nenne die einzelnen Aufgaben der fettlöslichen Vitamine (Vitamin A/D/E)!
② In welchen Lebensmitteln kommen wasserlösliche Vitamine vor (Vitamin B/C und Folsäure)?
③ Zähle Situationen auf, in denen sich der Vitaminbedarf erhöht!
④ Warum sollten Vitaminpräparate nicht ständig eingenommen werden?
⑤ Warum wird das fettlösliche Vitamin A, z. B. bei unserem Rezept, im Körper voll wirksam?
⑥ Wie kannst du Vitaminverluste vermindern bzw. ausgleichen?

3.8 Mineralstoffe

Vorkommen und Bedeutung von Mineralstoffen

Mineralstoffe zählen wie die Vitamine zu den **Schutz- und Reglerstoffen.** Sie sind bei der **Regelung von Körpervorgängen** ebenso von Bedeutung wie beim **Aufbau** z. B. der Knochen, Zähne und des Blutes.
Unsere Körpersubstanz besteht etwa zu 4% aus Mineralstoffen. Wir bezeichnen sie je nach ihrem Vorkommen im Körper als **Mengen- oder Spurenelemente.**
Folgende Übersicht zeigt dir wichtige Mineralstoffe:

Mengenelemente: täglicher Bedarf 1 bis 8 g

Calcium

Es baut Knochen und Zähne auf und ist Bestandteil des Blutes. Calciummangel führt zu Knochenveränderungen (Rachitis), verzögert den Zahnaufbau und verursacht Muskelkrämpfe. Mit einem halben Liter frischer Milch decken wir über die Hälfte unseres täglichen Calciumbedarfs.

Kalium

Es befindet sich hauptsächlich in den Körperzellen und regelt wie Natrium den Wasserhaushalt. Kaliummangel, der äußerst selten auftritt, kann zu Schwächezuständen, Muskelschwäche oder Herzstörungen führen.

Phosphor

Es dient hauptsächlich als Baustoff für Knochen und Zähne, ist Bestandteil der Gehirn- und Nervenzellen und regelt den Energiestoffwechsel. Zu Mangelerscheinungen kommt es nicht, wenn der Mensch eine gesunde Mischkost zu sich nimmt.

Magnesium

Es ist Bestandteil fast aller Zellen und regelt den Zellstoffwechsel. Zu Mangelerscheinungen kann es nur kommen, wenn zu wenig frisches grünes Gemüse gegessen wird.

Spurenelemente: täglicher Bedarf weniger als 1 g

Eisen

Es baut den Blutfarbstoff auf und ist für den Sauerstofftransport des Blutes verantwortlich. Eisenmangel kann zu einem Abfall der geistigen und körperlichen Leistungsfähigkeit führen.

Jod

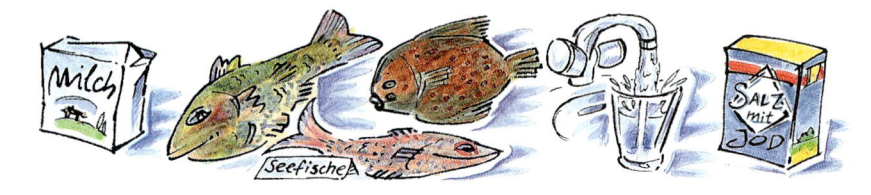

Es wird fast vollständig zum Aufbau der Schilddrüsenhormone gebraucht. Jodmangel vergrößert die Schilddrüse, was zur Kropfbildung führt. Deshalb sollte zum Würzen der Speisen Jodsalz verwendet werden.

Fluor

Es ist Bestandteil der Knochen und Zähne und für die Härtung des Zahnschmelzes verantwortlich. Fluormangel begünstigt Karies.

Natriumchlorid (Kochsalz) kommt in fast allen Lebensmitteln vor.

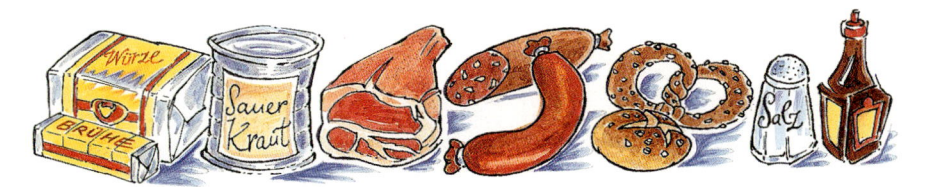

Es ist Bestandteil des Blutes, regelt den Wasserhaushalt und sorgt für die elastische Spannung unseres Gewebes und der Zellen. Ein Mangel an Kochsalz tritt bei normaler Ernährung nicht auf. Nur bei großem Schweißverlust (Sport), nach längerem Erbrechen oder Durchfällen muß der Salzverlust wieder ausgeglichen werden. Wenn jedoch zuviel Kochsalz aufgenommen wird, reagiert der Körper mit Wasseransammlungen im Gewebe, wodurch Herz, Kreislauf und Nieren belastet werden können.

Ursachen und Folgen falscher Mineralstoffzufuhr

Wie du aus der Übersicht bereits ersehen konntest, führt schon der Verlust eines Mineralstoffes zu Mangelerscheinungen. Gründe dafür können sein:
– falsche Aufnahme,
– starkes Schwitzen,
– Mineralstoffverlust bei anstrengenden Sportarten,
– einseitige Hungerkuren,
– falsche Zubereitung mineralstoffreicher Lebensmittel – sie sind wasserlöslich.

Merke

❍ Eine tägliche abwechslungsreiche Kost (frisches Obst, Gemüse, Vollkornprodukte, Milch und Milcherzeugnisse) gewährleistet eine ausreichende Mineralstoffzufuhr.
❍ Kinder und Jugendliche benötigen Mineralstoffe besonders für das Wachstum.
❍ Auch werdende und stillende Mütter sollten besonders mit Milch ihrem erhöhten Mineralstoffbedarf gerecht werden.
❍ Mineralstoffhaltige Lebensmittel sind nur kurz, unzerkleinert unter kaltem Wasser zu säubern.

Arbeitsauftrag

Diskutiert in der Gruppe, was von der ständigen Einnahme von Mineralstofftabletten zu halten ist! Bedenkt dabei, was ihr über Vitamine gelernt habt!

Topfenschmarren mit frischem Erdbeerkompott

30 g	Mandelblättchen	in einer Pfanne ohne Fett goldbraun rösten
150 g	Mehl	das Mehl zuerst mit der Sahne, dann mit Eigelb, Zucker und Quark verrühren
1/8 l	Schlagsahne	
3	Eigelb	
30 g	Zucker	
70 g	Topfen/Quark	
40 g	Rosinen	die Rosinen mit den Mandelblättchen unterrühren
3	Eiweiß	zu Eischnee schlagen, unter den Teig heben
30 g	Butterschmalz	erhitzen, den Teig hineingeben, bei milder Hitze ca. 4 Minuten backen, vorsichtig zerreißen, evtl. wenden
500 g	Erdbeeren	Früchte kurz waschen, entstielen, vierteln, mit den Säften vermengen, nach Geschmack süßen
	Zitronen-/	
	Orangensaft	
	Puderzucker	

Den Topfenschmarren heiß mit dem Erdbeerkompott servieren. Garniere das Gericht mit frischen Zitronenmelissenblättern.

Überprüfe dein Wissen

① Zähle die Aufgaben der Mengenelemente auf!
② Warum wird Jodsalz zum Würzen von Speisen empfohlen?
③ Nenne Personengruppen mit einem erhöhten Mineralstoffbedarf!
④ Die Milch wird als wertvolles Getränk bezeichnet. Begründe!
⑤ Beschreibe kurz Merkmale einer ausreichenden Mineralstoffzufuhr!
⑥ Wie kannst du bei unserem Gericht (besonders bei empfindlichem Obst) Mineralstoffverluste vermeiden?

3.9 Ursachen und Folgen falscher Ernährung
– Überblick –

Wie du bereits bei den einzelnen Kapiteln über Nährstoffe erfahren hast, begünstigt eine falsche Ernährung viele Krankheiten.

Nährstoffe	falsche Ernährung	Folgen
Kohlenhydrate	zu viel Süßes, zu wenig Ballaststoffe	Übergewicht, Herzerkrankungen, chronische Darmerkrankungen
Fette	zu viel Fettes, zu wenig pflanzliche Fette	Übergewicht, erhöhter Cholesterinspiegel, Arterienverkalkung, Herzinfarkt
Eiweiß	andauernder Eiweißmangel, zuviel tierisches Eiweiß	Gewebewassersucht, Wachstumsstörungen, geistige Entwicklung bleibt zurück, Gicht
Wasser	zu viele und zu kalte Getränke	Belastung der Nieren, Herz, Kreislauf, bleibende Magenschäden
Vitamine	zu wenig Vitamine, falsch zubereitete Lebensmittel	Wachstumsstörungen, Appetitlosigkeit, Konzentrationsschwächen
Mineralstoffe	zu wenig Mineralstoffe, falsch zubereitete Lebensmittel	Wachstumsstörungen, Karies, Blutarmut

Idealvorstellungen von Schönheit oder „Schlanksein" tragen ebenfalls dazu bei, daß sich viele Menschen unvernünftig ernähren. Krankhafte Eßstörungen können die Folge sein: z. B. Magersucht (krankhaftes Hungern) oder Bulimie (Eß-Brech-Sucht).

Wenn du zu viel ißt oder trinkst, wirst du anschließend nicht selten vom schlechten Gewissen geplagt. Man setzt dann oft Hoffnungen in gerade angepriesene Diäten, die meist aus einem Nahrungsmittel oder einer Nahrungsmittelgruppe zusammengesetzt sind. Dadurch nimmt der Verbraucher zwar ab, es tritt jedoch gleichzeitig ein Mangel an anderen lebenswichtigen Nährstoffen auf. Auch ist die Gefahr gegeben, daß man nach dem Ende der Diät sehr schnell wieder zunimmt. Eine knappe, aber ausgewogene Ernährung mit ausreichend Ballaststoffen über einen längeren Zeitraum hinweg hilft im Fall von Übergewicht weit mehr.

Arbeitsauftrag

Stellt in eurer Gruppe Regeln für eine gesunde Ernährung auf!
Vergleicht euer Ergebnis mit dem Kapitel »Anforderungen an eine gesunde Ernährung« (S. 49ff.)!

3.10 Qualitätsmerkmale von Lebensmitteln – wichtig für die Gesundheit

Für die Verbraucher ist es gar nicht so leicht, sich angesichts der Vielfalt von Lebensmitteln, die im Handel angeboten werden, zurechtzufinden.
Hier helfen ihnen neben der gesetzlich vorgeschriebenen Lebensmittelkennzeichnung (vergleiche auch mit dem Kapitel »Überlegtes und umweltbewußtes Einkaufen«, S. 17ff.) auch die Handels-, Güte- und Gewichtsklassen.

Handelsklassen für Obst und Gemüse

Die Handelsklassen für Obst und Gemüse	
Extra	hervorragende Qualität, ohne Mängel
I	gute Qualität, kleine Mängel zugelassen
II	mittlere Qualität, Mängel zugelassen
III	mittlere Qualität mit Mängeln in größerem Umfang
	Haushalts- und Industrieware zur Weiterverarbeitung

Die Handelsklassen für Obst und Gemüse geben nur über die äußeren Merkmale einer Ware Auskunft. Der Verbraucher erhält keinen Hinweis auf den Gesundheitswert (z. B. enthaltene Nährstoffe und Ballaststoffe, mögliche Schadstoffe) oder sogar den Geschmack eines Gemüses oder Obstes. Auch die höchste Handelsklasse bürgt nicht für Geschmack. Gerade Gemüse oder Obst, das ein makelloses Aussehen hat, ist häufig gespritzt oder gedüngt bzw. gedeiht in Treibhäusern. Wer Wert auf eine gesunde Ernährung legt, sollte biologisch angebautes Obst und Gemüse einkaufen. Hier ist das Äußere zwar nicht immer ganz makellos, man kann jedoch sicher sein, daß keine Pestizide verwendet wurden. Die Oberflächenbehandlung von Zitronen (Wachs oder Pestizide) muß immer kenntlich gemacht werden. Dabei sollte der Verbraucher beachten, daß die Zitronenschale mit Öl »gesund« gemacht werden kann. Durch das Einreiben mit Öl und das anschließende Waschen werden mögliche Giftstoffe aus der Zitronenschale entfernt.

Handelsklassen für Fleisch

Bei Fleisch unterscheidet man zwei Handelsklassen.

	E	U	R	O	P
die Fleischigkeit (Muskelfülle)	vorzüglich	sehr gut	gut	mittel	gering
das Fettgewebe (Dicke der Fettschicht)	1 sehr gering	2 gering	3 mittel	4 stark	5 sehr stark

Güte und Gewichtsklassen für Eier

Eier kennzeichnet man nach **Güte-** und **Gewichtsklassen.**

Güteklassen für Eier

A extra die Banderole muß am 7. Tag entfernt werden
A frisch, unbehandelte Schale
B haltbar gemacht, z. B. Wachsen der Schale = 2. Qualität oder gekühlt
C haltbar gemacht, findet nur in der Nahrungsmittelindustrie Verwendung

Gewichtsklassen für Eier

Gewichtsklasse	0	über 75 g	4	55–60 g
	1	70–75 g	5	50–55 g
	2	65–70 g	6	45–50 g
	3	60–65 g	7	bis 45 g

Die Anzahl der Eier in Rezepten bezieht sich meist auf Eier der **Gewichtsklasse 3.** Hierzu sollte der Verbraucher die unterschiedlichen **Gewichtsklassen** der Eier kennen. Sie geben Aufschluß über die Größe der Eier.

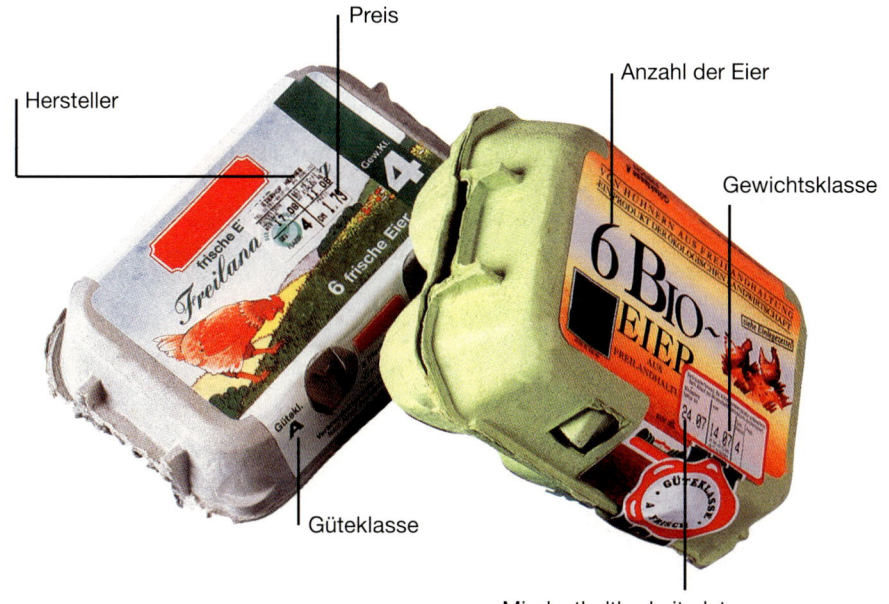

Neben den oben aufgezeigten Angaben müssen auch
– das Verpackungsdatum und
– das Datum der Kühlpflicht
angegeben sein.

Merke

○ Handelsklassen sagen nur etwas über äußere Merkmale, nicht aber über den Gesundheitswert von Obst und Gemüse aus!
○ Eier müssen immer zusätzlich mit dem Legedatum gekennzeichnet werden, um den Verbraucher zu schützen.
○ Frischedaten sagen oft nichts über den Geschmack aus!

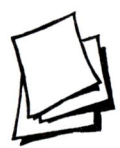

Arbeitsauftrag

Überprüfe anhand einer Eierschachtel die vorgeschriebene Kennzeichnung!

Rühreier Bauernart

1	Zwiebel	Zwiebel schälen, würfeln
20 g	Fett	Fett erhitzen, die Zwiebelwürfel zugeben,
200 g	Schinken	gewürfelten Schinken hinzufügen, dünsten lassen
5	Eier	
1/8 l	Milch	die Eier mit der Milch und den Gewürzen verrühren,
1 Prise	Salz	zu den angedünsteten Zwiebeln und dem Schinken
	Pfeffer	geben, stocken lassen
200 g	Käse	ebenfalls würfeln, zu den festen Rühreiern geben

Sobald der Käse Fäden zieht, mit geschnittenem Schnittlauch und einem Vollkornbrot auf einem Teller anrichten.

Überprüfe dein Wissen

① Warum sollte für einen Verbraucher die Handelsklasse bei Obst und Gemüse nicht das einzige Kriterium sein?
② Welche Handelsklasse wählst du für die Zubereitung eines Apfelstrudels? Begründe!
③ Welche Kennzeichnung ist beim Eierkauf besonders wichtig? Begründe!

Speisen aus Nahrungsmitteln zubereiten

4.1 Sorgsamer Umgang mit Lebensmitteln

Wir wählen Lebensmittel gezielt aus

Wie du bereits gelernt hast, bietet dir der heutige Markt ein fast unüberschaubares Angebot an Lebensmitteln. Du weißt aber auch, daß nicht alle Lebensmittel für dich und deinen Körper gesund sind und auch nicht jedes Lebensmittel alle wichtigen Nährstoffe in sich vereint. Darum solltest du bei der Auswahl der Lebensmittel für eine Speise darauf achten, daß du immer die richtige Wahl triffst.

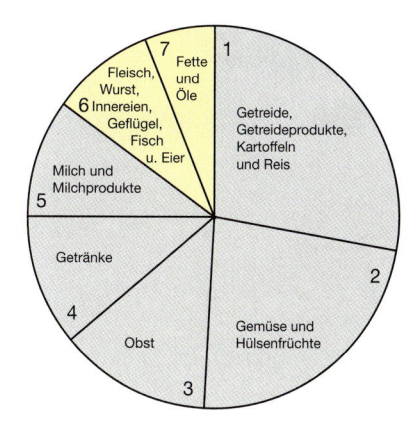

Wähle aus der Gruppe 1 bis 5 täglich Lebensmittel aus. Achte dabei

auf Vollkornprodukte,
auf schonende Garverfahren,
auf möglichst frisches, rohes Gemüse,
auf ungespritztes, frisches Obst,
auf zuckerfreie Getränke wie frische Fruchtsäfte oder Mineralwasser,
darauf, daß 1/2 l Milch fast alle notwendigen Nährstoffe enthält.

Aus Gruppe 6 und 7 sollten weniger Lebensmittel verarbeitet werden. Achte dabei

auf Abwechslung und nur 2–3 maligen Verzehr pro Woche,
auf pflanzliche Fette und möglichst fettarme Garverfahren.

Arbeitsauftrag

Überprüfe unser Rezept (siehe nächste Seite) auf die ausgewogene Zusammenstellung der Lebensmittel!

Reissalat mit Geflügelbrust

200 g	Reis	Reis andünsten, mit der heißen Brühe aufgießen,
1/2 l	Brühe	ca. 25 Min. köcheln lassen
2	Hähnchenbrustfilets	in heißem Fett von beiden Seiten goldgelb anbraten,
	Sonnenblumenöl	salzen und pfeffern, in Würfel schneiden
	Salz, Pfeffer	
1	Orange	Obst säubern, schälen, würfeln und mit Zitronensaft
1/2	Apfel	beträufeln
1	Banane	
	Zitronensaft	
1 B.	Joghurt	alle Zutaten verrühren, gut abschmecken und zuletzt
	Salz, Pfeffer	die frisch geschnittenen bzw. gehackten Kräuter un-
	Zitronensaft	terrühren

Die gewürfelten Zutaten und den abgekühlten Reis mit der Marinade vermengen, nochmals abschmecken und mit Kräutern garnieren.

Merke

❍ Jede Speise ist ausgewogen, wenn sie abwechslungsreich ist, ausreichend Ballaststoffe und die wichtigsten Nährstoffe enthält!
❍ Die Speisen sollen nicht zu üppig, zu fett, zu süß oder zu salzig sein!

Wir lagern Lebensmittel fachgerecht und verarbeiten sie

Um mit Lebensmitteln gesund kochen zu können, müssen sie **fachgerecht gelagert und aufbewahrt** werden.
Obst, Gemüse, Brot, Milch und Milchprodukte, Fleisch, Wurst oder Fisch sind nur begrenzt haltbar, d. h., sie sollten täglich bzw. wöchentlich frisch gekauft werden. Die zweckmäßige Bevorratung findet im Obstkorb, Brotschrank und Kühlschrank statt.
Achte beim Einräumen des Kühlschrankes auf Ordnung und Übersichtlichkeit. Damit verhinderst du, daß sich alte Vorräte ansammeln und verderben. Länger haltbar sind tiefgekühlte Lebensmittel, z. B. Gemüse, Obst, Fisch, Geflügel, Fertiggerichte, die man im gefrorenen Zustand kauft, müssen sofort im Gefrierschrank oder der Truhe gelagert werden, um die Tiefkühlkette nicht zu unterbrechen.

Hierbei muß besonders sorgfältig auf das Mindesthaltbarkeitsdatum geachtet werden. Bei selbsteingefrorenen Lebensmitteln sollte auf gute Qualität der Angebote geachtet werden. Du kannst sie selbst mit einem Aufkleber versehen, der folgende Angaben enthält: Art, Zeitpunkt des Einfrierens, Haltbarkeitszeitraum. Gleiches gilt für die verschiedenen Fächer des Tiefkühlschrankes.

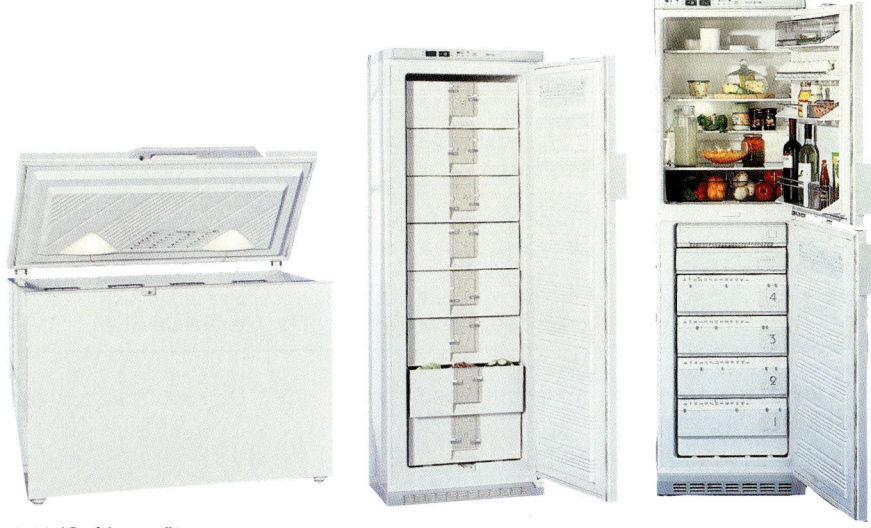

Kühl-/Gefriergeräte

Trockenprodukte wie Nudeln, Mehl, Zucker, Salz, Reis, Haferflocken, Backpulver u. a. sind länger haltbar, ohne gekühlt werden zu müssen. Es ist ratsam, diese in Vorratsbehälter aus Glas oder Kunststoff zu geben. **Konserven** können ebenfalls ungekühlt aufbewahrt werden, solange sie geschlossen sind.
Für die Ordnung und den besseren Überblick gilt beim Vorratsschrank für Trockenprodukte und Konserven dasselbe wie für Kühl- und Gefrierprodukte.

Merke

○ Ein angemessener Vorrat an Lebensmitteln ist in jedem Haushalt notwendig!
○ Achte beim Bevorraten stets auf die Haltbarkeit der Lebensmittel!
○ Friere nur frisches, hochwertiges Obst, Gemüse und Fleisch ein!
○ Benutze nur einwandfrei saubere Vorratsbehälter!

Beim Kochen der Lebensmittel ist es wichtig, Nährstoffe zu erhalten, d. h. **Lebensmittel sorgfältig und schonend zu verarbeiten** (s. S. 108ff.).
Durch das Säubern von Lebensmitteln wird Schmutz entfernt, Krankheitserreger (z. B. Salmonellen) werden durch Erhitzen und Durchgaren abgetötet. Gegarte Speisen schmecken besser, es entfalten sich Aroma- und Röststoffe (angedünstete Zwiebel, gebratenes Fleisch, Kuchenduft, Kaffeeduft). Die Zutaten werden leichter verdaulich. Lebensmittel können dabei, wenn man einige Ratschläge befolgt, **sparsam** verarbeitet werden.

Lebensmittelgruppen	Verarbeitung
Obst und Gemüse	gut säubern, wenig schälen, möglichst roh verarbeiten, beim Garen nur grob zerkleinern
Mehl, Reis und Teigwaren	Vollkornprodukte verwenden, Reis und Teigwaren nicht zu lange garen, als Beilage sparsam bemessen, Gemüse bevorzugen
Fett	Brote dünn bestreichen, beim Garen sparen, z. B. beschichtetes Geschirr verwenden
Fleisch	möglichst frisch verwenden, waschen und trockentupfen, aufgetautes Geflügel sorgfältig säubern und durchgaren
Fisch	nach der 3-S-Regel bereiten: säubern – säuern – salzen Aufgetautes nicht wieder einfrieren
Zucker	bei Backrezepten kann die angegebene Zuckermenge reduziert werden, zuckerhaltige Getränke meiden

Auch sollten die Mengen immer richtig bemessen werden. Du kannst sie z.B. den Rezepten entnehmen.

Überprüfe dein Wissen

① Nenne Lebensmittelgruppen, mit denen du täglich Speisen zusammenstellen sollst!
② Nenne die Lebensmittelgruppen, die der Körper nicht täglich benötigt!
③ Gib einige Beispiele für schonenden und/oder sparsamen Lebensmittelverbrauch!
④ Welche Möglichkeiten bestehen im Haushalt, um Vorräte anzulegen?
⑤ Wähle die geeigneten Vorratsbehälter für Trockenprodukte und Gefriergut aus. Begründe deine Auswahl!

4.2 Wir kochen nach Rezepten
Was verbirgt sich hinter einem Grundrezept?

In vielen Koch- und Hauswirtschaftsbüchern findest du Rezepte mit unterschiedlicher Schreibweise. Die sog. Hauptzutat steht bei jeder Schreibweise an erster Stelle, allerdings wird sie nicht immer als erstes verarbeitet. Du mußt also, bevor du zu kochen beginnst, unbedingt das ganze Rezept lesen, um keine Fehler zu machen. Vor Kochbeginn mußt du dir auch **alle Zutaten,** die du für dein Gericht benötigst, vorbereiten. Speisen, die sich bezüglich der Zutaten nur geringfügig voneinander unterscheiden, werden nach sog. Grundrezepten zubereitet.

Anhand folgender Grundrezepte kannst du
- die unterschiedliche Schreibweise von Rezepten kennenlernen,
- erkennen, wie vielfältig ein solches Rezept abgwandelt werden kann:

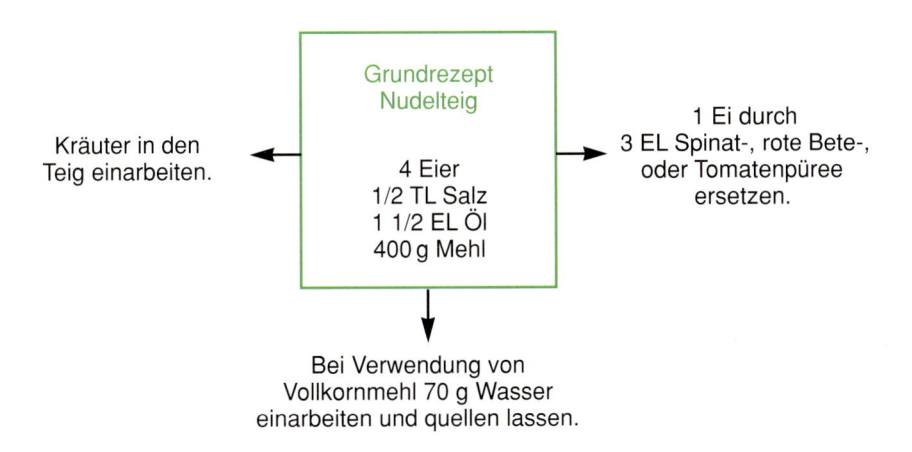

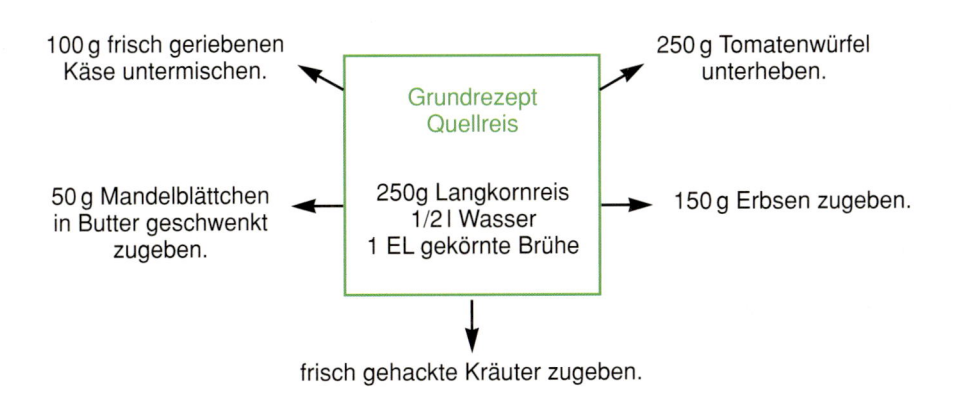

Grundrezept Nudelteig
- 4 Eier
- 1/2 TL Salz
- 1 1/2 EL Öl
- 400 g Mehl

Kräuter in den Teig einarbeiten.

1 Ei durch 3 EL Spinat-, rote Bete-, oder Tomatenpüree ersetzen.

Bei Verwendung von Vollkornmehl 70 g Wasser einarbeiten und quellen lassen.

Grundrezept Quellreis
- 250g Langkornreis
- 1/2 l Wasser
- 1 EL gekörnte Brühe

100 g frisch geriebenen Käse untermischen.

250 g Tomatenwürfel unterheben.

50 g Mandelblättchen in Butter geschwenkt zugeben.

150 g Erbsen zugeben.

frisch gehackte Kräuter zugeben.

Dünstgemüse

1 kg	Gemüse der Jahreszeit	Die gewürfelte Zwiebel in Fett glasig dünsten, das gesäuberte, zerkleinerte Gemüse zugeben und mit andünsten. Würzen und eventuell mit etwas Brühe oder Wasser aufgießen. Je nach Gemüsesorte 10–30 Minuten garen. Abschließend kann das Gemüse noch einmal abgeschmeckt und verfeinert werden.
1	Zwiebel	
30 g	Fett	
	Salz, Pfeffer	
	Gewürze	
	evtl. Brühe oder Wasser	
	zum Verfeinern:	Sahne, Crème fraîche, Kräuter

Dieses Grundrezept kann für **gelbe Rüben, Bohnen, Spinat, Lauch, Zucchini, Paprika, Sauer-** und **Blaukraut** (Rotkohl), **Kohlrabi,** u. a. verwendet werden.

Fleischteig

375 g	Hackfleisch	mischen
1	Ei	
1	alte Semmel	einweichen
1	Zwiebel	kleingeschnittene Zwiebel und Petersilie andünsten
1	Bund Petersilie	
20 g	Fett	
1 TL	Salz	alle Zutaten zusammenmischen
1/2 TL	Pfeffer	
1 TL	Majoran	

Der Fleischteig kann weiterverarbeitet werden zu: **Fleischküchlein, Hackbraten, Krautwickeln, gefüllten Paprikaschoten** u. a.

Gekochte Creme

Zutaten: 2 gestrichene EL Stärke, 2 Eigelb, 3 EL Zucker, 1/2 Liter Milch, 2 Eiklar, nach Belieben Schlagsahne

Zubereitung: Stärke, Zucker, Eigelb, 8 EL von 1/2 Liter Milch anrühren, in die restliche kochende Milch einrühren, einige Male aufkochen lassen, zur Seite stellen. Sehr festen Eischnee unter die noch heiße Masse heben. Nach Belieben geschlagene Sahne unterheben. Creme noch heiß in Schälchen füllen.

Dieses Grundrezept kann abgeändert werden zu:

Karamelcreme	Schokoladencreme	Haselnußcreme
Aus 80 g Zucker und 1/8 l Wasser Karamelgrundlage herstellen und in die heiße Milch geben.	1 Tafel zerstückelte Halbbitterschokolade in der heiß werdenden Milch auflösen.	Ganze Haselnüsse auf dem Blech anrösten, die Schalen zwischen den Händen oder in einem Geschirrtuch abreiben, Nüsse zur Milch geben.

Aufgaben und Zusammenwirken einiger Zutaten

Die meisten Zutaten, die ein Rezept enthält, erscheinen entweder in rohem oder in gegartem Zustand auch sichtbar auf dem Teller. Einige weitere dienen jedoch nicht nur dem Verzehr, sondern sind sozusagen »unsichtbare Helfer«. Mit ihrer Hilfe kann die Zahl der Geschmacksrichtungen und Zubereitungsarten wesentlich erhöht werden:

Aufgabe	Beispiele
Bindemittel	Mehl oder Stärkemehl binden Soßen und Suppen, d. h., sie machen sie dicker bzw. sämiger; Grieß bindet die Milch beim Grießbrei, d. h., der Grießbrei wird fest; Eigelb bindet Soßen, Suppen, Frikassees durch »Legieren«, es macht die Speisen geschmackvoller und sämiger; Gelatine (reines Eiweiß) geliert Flüssigkeiten und Cremes.
Lockerungsmittel	Eier machen den Fleischteig lockerer; Luft wird z. B. in eine Ei-Zucker-Masse eingearbeitet, Zucker wird darin aufgelöst und es entsteht eine Schaummasse; auch Eischnee (geschlagenes Eiweiß) enthält Luft; Hefe (natürlich) und Backpulver (chemisch) machen Teige lockerer.
Garmittel	Wasser oder Brühe gart eine weitere Zutat; Fett oder Öl beim Braten garen und geben einen guten Geschmack.
Geschmackszutaten/ Aromastoffe	Nüsse verfeinern einen Teig; geriebene Schokolade verbessert Cremespeisen; Essig und Öl machen Salatzutaten schmackhaft, Salz und eine Prise Zucker runden den Geschmack ab; Gemüse, Kräuter, Zwiebeln, Knoblauch lassen gedämpften oder gedünsteten Fisch und geschmortes Fleisch besser schmecken; geriebene Zitronen- oder Orangenschale in Cremes oder Kuchenteigen wirken fruchtig; ein säuerlicher Apfel im Nudel- oder Käsesalat gibt einen erfrischenden Geschmack.
Gewürze	Salz, Zucker, Pfeffer, Paprika, Essig u. a. dienen dazu, den Eigengeschmack von Speisen zu unterstreichen. Keine der vier Geschmacksrichtungen (salzig, süß, sauer und bitter) sollte dabei überbetont werden. Wenn man zu viel oder zu scharf würzt, geht der Eigengeschmack der Speisen verloren.
Verbesserungszutaten	Sahne oder Crème fraîche verfeinern eine Soße oder Cremesuppe.

Auf die richtige Menge und Zutat kommt es an

Gewöhnlich gilt ein Rezept immer, wenn nichts anderes dabeisteht, für vier Personen. Oft kommt es jedoch dazu, daß für weniger Personen oder auch für mehrere Gäste gekocht wird. Folgende Tabelle führt einige Grundmengen pro Person an und erleichtert es dir damit, die richtige Menge für jede Personenzahl zu errechnen:

Lebensmittel		Grundmengen in Gramm
Suppe	als Vorspeise als Hauptgericht	150–200 bis 500
Soße		50–100
Fleisch	mit Knochen ohne Knochen in Suppe oder Eintopf	150–200 125–150 100–125
Fisch	ganz Filet	200–300 150–200
Geflügel	gebraten	300–400
Gemüse	küchenfertig Rohkost	150–200 50–100
Kartoffeln	ungeschält	200–250
Reis	Beilage als Hauptgericht/süß als Suppeneinlage	50 60–80 10–15
Nudeln	als Hauptgericht als Beilage als Suppeneinlage	100–125 80–100 10–15
Hülsenfrüchte	als Eintopf als Beilage	60–90 60–100
Obst	frisch als Kompott Dörrobst	125–150 125–150 50–60
Getreide	Beilage als Hauptgericht als Suppeneinlage	50 60–80 10–15

Bei der Bemessung der richtigen Menge solltest du allerdings das Alter, den Beruf, den Gesundheitszustand der Essenden und auch die Anzahl der Gänge (z. B. Vorspeise, Suppe, Zwischengericht, Hauptspeise, Nachspeise oder aber nur eine Hauptspeise) bedenken.

Durch den **Austausch** oder das **Abwandeln von Zutaten** wird Kochen erst kreativ. Es macht Spaß, ein Rezept nach eigenen Ideen abzuändern und bei einem bekannten Grundrezept etwas Neues auszuprobieren. Oft hat man auch die eine oder andere Zutat nicht im Haus und muß sie durch eine andere ersetzen. Eine Allergie beispielsweise fordert häufig den Ersatz von weißem Zucker durch Rohrzucker oder Honig. Viele fleischhaltige Speisen lassen sich auch nur mit Gemüse zubereiten und schmecken so auch Vegetariern.
Doch sollte beim Abändern von Rezepten immer folgendes beachtet werden:
– Die Zutaten müssen miteinander harmonieren,
– Das Benutzen von sehr vielen Gewürzen wird zu Unrecht für kreativ gehalten. Grundregel: Der Eigengeschmack einer Zutat darf nicht durch Gewürze überdeckt werden. Das Gewürz muß zu einem Gericht passen.
– Die Menge der angegebenen Zutaten muß verringert werden, wenn neue Zutaten verwendet werden. Nur so gelingt die Speise, obwohl das Rezept abgewandelt wurde (Beispiele: Teige, Soßen, Cremes, Puddings).

Merke

○ Grundrezepte lassen sich vielfältig abwandeln!
○ Manche Zutaten dienen nicht nur dem Verzehr, sondern erfüllen weitere Aufgaben!
○ Gewürze sollten sparsam, aber wirkungsvoll eingesetzt werden!

Überprüfe dein Wissen

① Gib Beispiele dafür, wie Mehl als Bindemittel und Ei als Lockerungsmittel eingesetzt werden können!
② Auf was mußt du bei der Berechnung von Zutaten für eine Speise achten?
③ Wie bringst du es fertig, daß eine Speise gelingt, obwohl du Zutaten ersetzt oder weggelassen hast?
④ Wie würzt man richtig?

4.3 Richtige Vor- und Zubereitungsarbeiten

Wir gehen mit Meßgeräten und Maßeinheiten sachgerecht um

Das Gelingen eines Gerichts hängt zum guten Teil vom richtigen Wiegen und Messen der Zutaten ab. Es gibt hierfür verschiedene Meßbecher mit unterschiedlichen Skalen für flüssige und streufähige Lebensmittel.

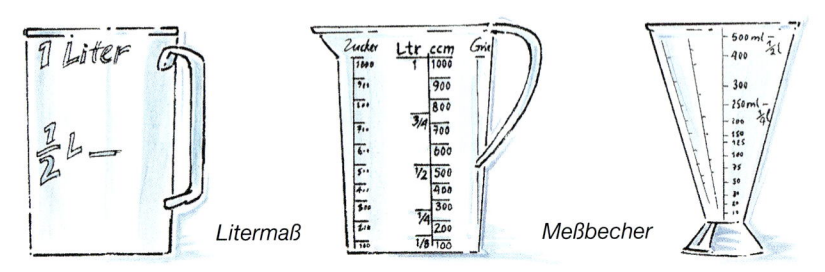

Litermaß Meßbecher

oder aber die Küchenwaage in verschiedenen Ausführungen.

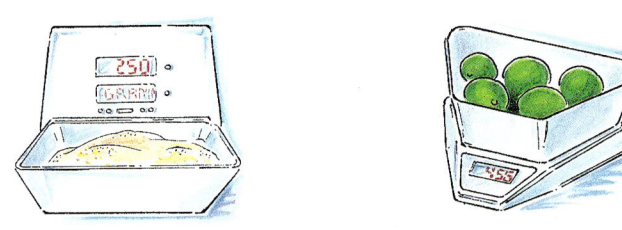

Für kleinere Mengen kennen wir sogenannte **Löffelmaße,** die du dir einprägen solltest.

1 Eßlöffel	= 1 EL Mehl 1 EL Stärke	gestrichen voll	= 10 g
	1 EL Zucker 1 EL Salz	gestrichen voll	= 15 g
	1 EL Semmelbrösel 1 EL Öl oder zerlassenes Fett 8 EL Flüssigkeit	gestrichen voll	= 10 g = 10 g = 1/8 l
1 Teelöffel	= 1 TL Salz 1 TL Zucker	gestrichen voll	= 5 g
	1 TL Backpulver 1 TL Stärke	gestrichen voll	= 3 g
1 Prise			die Menge, die zwischen Daumen und Zeigefinger paßt
1 Messerspitze			die Menge, die auf eine Messerspitze paßt

Wir säubern, zerkleinern und mischen Lebensmittel

Bevor Lebensmittel zu schmackhaften Speisen verarbeitet werden können, sind einige Vorarbeiten nötig. **Zunächst müssen sie gesäubert werden:**

Waschen	Lebensmittel kurz, unzerkleinert und möglichst unter fließendem kalten Wasser waschen. Lebensmittel, die in der Erde reifen, müssen mit einer Bürste gereinigt werden.
Putzen	Bei Obst und Gemüse schadhafte Stellen entfernen, welke Blätter von Blattsalaten aussortieren, »Augen« bei Kartoffeln, den Strunk bei Tomaten herausschneiden.
Schälen	Die Schale möglichst mit einem Sparschäler kreisförmig oder von oben nach unten entfernen.
Häuten	Vorher bei Tomaten den Strunk entfernen oder Pfirsiche kreuzförmig einschneiden, sie dann kurz in kochendes Wasser geben und die Haut abziehen.
Schaben	Gewaschenes Gemüse, z. B. gelbe Rüben, mit einem Messer von oben nach unten und von dir weg schaben.

Merke

○ Vermeide es, Lebensmittel zu wässern!

Mineralstoff-Verluste beim Wässern			Vitamin-C-Verlust beim Wässern		
Kartoffeln			Kartoffeln		
geschält, ganz	4% Kalium	0% Calcium	geschält, ganz	nach einer Stunde	4%
geschält, geviertelt	6% Kalium	30% Calcium		nach fünf Stunden	8%
			Kartoffeln	nach einer Stunde	6%
Rotkohl (Blaukraut)			geschält, geviertelt	nach fünf Stunden	12%
zerschnitten	3% Kalium	3% Calcium			

Quelle: Einführung in die Ernährungslehre, Kofrányi, 1994

○ Wähle für jedes Lebensmittel die richtige Säuberungstechnik!

Nachdem sie sauber sind, **werden viele Lebensmittel zerkleinert.** Dabei kommt es vor allem auf gute Werkzeuge und einen sicheren Arbeitsplatz an.
Zum **Schneiden** benötigt man ein scharfes Messer und ein rutschsicheres Brett. Darauf können Scheiben, Streifen, Stifte oder Würfel geschnitten werden.

Schneiden *Wiegen*

Beim **Hacken** oder **Wiegen** werden Kräuter mit einem Wiegemesser kleingehackt.

Beim **Raspeln, Reiben** oder **Hobeln** ist es wichtig, daß das Gerät auf ein rutschsicheres Brett oder in eine rutschsichere Schüssel gestellt wird. Verwende zum Zerkleinern von Lebensmittelenden immer einen Fruchthalter.

Reiben *Raspeln* *Hobeln*

Weitere Techniken sind:
Mahlen, Passieren, Pürieren und das Zerkleinern mit dem **Fleischwolf** (Durchdrehen)

Mahlen   *Passieren*   *Pürieren*   *Durchdrehen*

Die nächste Stufe der Zubereitungsarbeiten **stellen die Mischtechniken dar.**
Dabei werden Zutaten, seien sie fest oder flüssig, miteinander vermischt (z. B. Zucker und Zimt, Fruchtsaft und Wasser). Im Unterschied zum **Mischen** werden beim **Vermengen** die Zutaten in einem weiten Gefäß und mit Vorsicht zusammengemengt (z. B. Salate, Erdbeeren mit Saft oder Zucker).
Ähnliches gilt auch für das **Unterheben** von Schaummassen. Es muß sehr vorsichtig mit einem Teiglöffel geschehen, damit die eingearbeitete Luft, z. B. bei Eischnee, nicht wieder entweichen kann.

Mischen   *Vermengen*   *Unterheben*

Zum **Rühren** von z. B. Teigen werden eine Schüssel, ein Kochlöffel, ein Schneebesen oder bei größeren Mengen das Rührgerät oder die Küchenmaschine benötigt. Die Technik des **Schlagens** wird vor allem für Schlagsahne oder Eischnee angewandt. Dazu benötigt man einen Schneebesen oder ein Handrührgerät. **Geknetet** wird ein Teig entweder mit der Hand, wobei man immer mehr trockene Zutaten in eine Teigkugel einarbeitet, oder mit dem Rührgerät oder der Küchenmaschine (bei großen Mengen).

Rühren   *Schlagen*   *Kneten*

Beim **Mixen** werden überwiegend Flüssigkeiten in einem Schüttelbecher oder mit dem elektrischen Mixgerät kräftig vermengt. Mit dem Mixgerät wird gleichzeitig zerkleinert.

Mixen

Arbeitsauftrag

Wähle für unser Rezept die richtigen Vor- und Zubereitungstechniken aus!

Apfel-Gelbe Rüben-Rohkost

8 EL	süßer Rahm	Süßrahmmarinade herstellen:
3–4 EL	Zitronensaft	die Zutaten verrühren, etwas durchziehen lassen
1 TL	Zucker	
1/2 TL	Salz	
2–3	saftige, säuerliche Äpfel	Äpfel dünn schälen, raspeln oder auch reiben, mit der Marinade bedecken (nicht durchmischen)
500 g	saftige gelbe Rüben	Rüben waschen, putzen (schälen oder schaben), raspeln oder auch reiben Alle Zutaten mischen.

Überprüfe dein Wissen

① Nenne Meßgeräte, die dir in der Küche helfen!
② Was versteht man unter einer Prise bzw. einer Messerspitze?
③ Man muß Lebensmittel richtig waschen, um Nährstoffverluste zu verhindern. Beschreibe!
④ Auf was achtest du beim Schneiden von Lebensmitteln?

Wir lernen verschiedene Möglichkeiten kennen, Lebensmittel zu garen

Die Grundgararten

Um Lebensmittel zu garen, können wir Wasser, Fette, Öle, Luft und Mikrowellen nutzen. Sie bewirken Unterschiede in Aussehen, Geschmack, Verdaulichkeit und Bekömmlichkeit der Speisen.

Garverfahren	Merkmale	Anwendung (Beispiele)	Bewertung
Kochen/Sieden	hoher Topf viel Flüssigkeit 100 °C	Suppenfleisch, -huhn, Blumenkohl, Eier in der Schale	Nährstoffe gehen verloren, wenn das Kochwasser nicht weiterverwendet wird.
Garziehen	hoher, weiter Topf viel Flüssigkeit 75 °C – knapp unter 100 °C	Knödel, Teigwaren, Brühwürstchen	Nährstoffe gehen verloren, gute Bekömmlichkeit
Dämpfen	Garen im strömenden Wasserdampf 100 °C	Gemüse, Kartoffeln mit und ohne Schale	Nährstoffe bleiben weitgehend erhalten, gut bekömmlich
Druckgaren	im Schnellkochtopf bei 104 bis 120 °C	Fleisch, Geflügel, Gemüse, Kartoffeln, Eintöpfe	Nährstoffe bleiben wegen kürzerer Garzeiten erhalten
Dünsten	Garen im eigenen Saft, wenig Fett, ca. 100 °C	Gemüse, Geflügel, Fisch	Nährstoffe und Geschmack bleiben erhalten

Garverfahren	Merkmale	Anwendung (Beispiele)	Bewertung
Schmoren	in heißem Fett anbräunen, 160 °C–200 °C, bei verminderter Temperatur, ca. 100 °C, unter Flüssigkeitszugabe fertiggaren	Schmorbraten, Gulasch, Rouladen, Sauerbraten, gefüllte Paprikaschoten	Krustenbildung verbessert den Geschmack, beeinträchtigt aber die Bekömmlichkeit
Braten in der Pfanne	heißes Fett zum Anbraten, ca. 200 °C, dann 100 °C	Fleisch- und Fischstücke, Fleischpflanzerl, Kartoffeln	Röststoffe und das Fett verbessern den Geschmack, können aber die Bekömmlichkeit beeinträchtigen
Braten im Backrohr/-ofen	Garen in heißer Luft, evtl. Fett- und Wasserzugabe, 200 bis 270 °C	größere Bratenstücke, ganzes Geflügel und Fische	Nährstoffe werden zum Teil durch anhaltende und starke Hitze geschädigt, erhalten jedoch einen guten Geschmack
Backen	Garen in heißer Luft bei 150 bis 200 °C 200 bis 225 °C 200 bis 250 °C	Kuchen Aufläufe, Toasts Aufläufe mit rohen Zutaten	je nach Teigart mehr oder weniger bekömmlich
Grillen	Garen mit Strahlungs- bzw. Kontakthitze über 250 °C	flache Fleischstücke, Geflügel- und Fischstücke, Innereien	kurze Garzeit wegen hoher Hitze, fettarm, geschmackvoll
Mikrowellengaren	Mikrowellen erzeugen im Gargut Wärme	Fleisch, Gemüse, Kartoffeln, Aufläufe	Inhaltsstoffe bleiben weitgehend erhalten, meist keine Bräunung

Merke

○ Garmachungsmittel sind Wasser, Fett, heiße Luft und Mikrowellen!
○ Achte immer auf die richtige Gartemperatur und Garzeit!
○ Nicht alle Garverfahren sind für alle Menschen gleich gut bekömmlich!

Arbeitsaufträge

○ Wähle für folgende Gerichte die geeigneten Garverfahren aus.
○ Beurteile nach Gesundheitswert, Nährstofferhalt und Geschmack!

▶ Fischfilets mit Salzkartoffeln und Gemüse von gelben Rüben
▶ Panierter Fisch mit Kartoffelsalat
▶ Rahmschnitzel mit Reis oder Teigwaren
▶ Hackbraten mit Paprikagemüse und Röstkartoffeln
▶ Gulasch mit Kartoffelbrei

Überprüfe dein Wissen

1. Benenne folgende Garverfahren und gib je 2 Beispiele für ihre Anwendung!

2. Was spricht gegen das Kochen und für das Dämpfen von Kartoffeln?
3. Gib zwei schonende Garverfahren an. Begründe deine Auswahl!

Wir arbeiten nach heimischen und fremdländischen Rezepten

Die im Anhang befindlichen Rezepte sollen dir die Vielfalt der deutschen und fremdländischen Küche aufzeigen. Einige Rezepte sind im Hauswirtschaftsunterricht aus zeitlichen Gründen nicht zu verwirklichen. Du kannst sie aber sicher zu Hause ausprobieren, nachdem ihr sie in der Schule besprochen habt.

Flädlesuppe – Pfannkuchensuppe (Schwaben)

1 Rezept	Knochenbrühe	
125 g	Mehl	
1 Prise	Salz	
ca. 1/8 l	Milch	
2	Eier	
	Fett zum Ausbacken	
	Schnittlauch	

Mehl mit wenig Milch, Salz, den Eiern und der restlichen Milch zu einem flüssigen Teig verrühren. Pfanne trocken erhitzen, wasserfreies Fett zugeben, Pfanne neigen, portionsweise Teig zugeben, verlaufen lassen. Teig backen, Teigplatte wenden, Pfannkuchen fertig backen und auf einem Teller auskühlen lassen.

Erkaltete Pfannkuchen aufrollen und in sehr feine Streifen schneiden. Kurz vor dem Verzehr Pfannkuchenstreifen (= Flädle) in die Brühe geben. Suppe mit Schnittlauchröllchen fertigstellen.

Arbeitsaufträge

- Besorgt deutsche/italienische/griechische … Speisekarten, besprecht sie gemeinsam, und dekoriert die Schulküche dementsprechend!
- Plant ein heimisches oder fremdländisches Menü, bestehend aus zwei bis drei Gängen. Teilt euch die Arbeit in Gruppen ein!

Tischkultur pflegen

5

5.1 Wir beachten Grundregeln der Tischkultur

Soziale Bedeutung einer gemeinsamen Mahlzeit

Schon immer hatte die gemeinsame Mahlzeit einen besonderen Stellenwert. Das Essen schloß einen Arbeitstag ab, war Höhepunkt von Staatsempfängen, Krönungszeremonien und Friedensverhandlungen, es besiegelte Verträge und Begräbnisse. Gemeinsames Essen spielt auch in der Religion eine wichtige Rolle. Jesus nahm z. B. durch das letzte Abendmahl von seinen Jüngern Abschied. Die Muslime begehen den Abschluß des Fastenmonats Ramadan mit einem feierlichen Essen im Kreise der Familie und Freunde. Wenn die Juden den Sabbat feiern, so ist damit immer auch ein Festmahl verbunden. Gerade das Teilen des Essens mit anderen unterstreicht die Freundschaft und die Zusammengehörigkeit.
In vielen früheren Kulturen (Griechen, Römer, altes China und Japan) waren zunächst die Männer beim gemeinsamen Essen unter sich. Den Frauen war die Küche zugewiesen, wo sie oft genug auch essen mußten.
Heute sieht es vielfach so aus, daß beide Elternteile berufstätig sind, und sich die Familie meist nur einmal am Tag zum gemeinsamen Essen trifft, zum Abendessen.
Dabei besteht Gelegenheit, (gute und schlechte) Erlebnisse vom Tag zu erzählen, Probleme zu erörtern, sei es aus der Schule, dem Beruf oder von zu Hause, wichtige Entscheidungen zu treffen oder Pläne für das Wochenende, die Freizeit oder einen Urlaub zu schmieden.
Das Abendessen kann zu Hause oder in der Gaststätte eingenommen werden. Einen besonderen Stellenwert nimmt in letzter Zeit die Einladung zum Essen ein. Ganz im Gegensatz zum hektischen Berufsalltag hat man dabei Zeit fürs Kochen und Dekorieren des Tisches und für Gespräche mit Freunden oder dem weiteren Familienkreis.

Abendessen

Wir beachten Grundregeln für verschiedene Gedecke

Welches Gedeck man auflegt, ist von der Art der Speise und der Speisenfolge abhängig. Um auch das richtige Geschirr und Besteck auswählen zu können, mußt du dir erst einen Überblick darüber verschaffen.

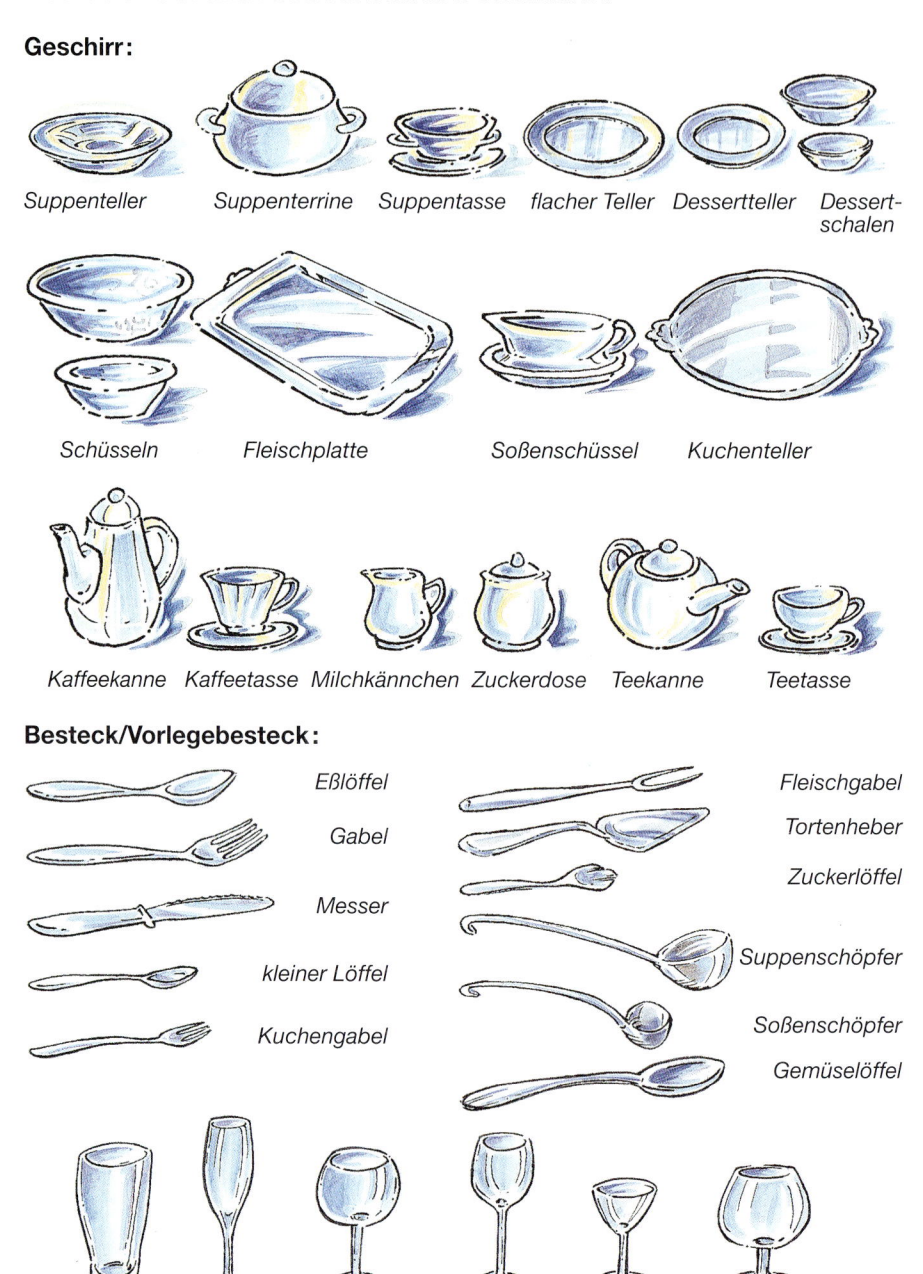

Geschirr:

Suppenteller   *Suppenterrine*   *Suppentasse*   *flacher Teller*   *Dessertteller*   *Dessertschalen*

Schüsseln   *Fleischplatte*   *Soßenschüssel*   *Kuchenteller*

Kaffeekanne   *Kaffeetasse*   *Milchkännchen*   *Zuckerdose*   *Teekanne*   *Teetasse*

Besteck/Vorlegebesteck:

Eßlöffel

Gabel

Messer

kleiner Löffel

Kuchengabel

Fleischgabel

Tortenheber

Zuckerlöffel

Suppenschöpfer

Soßenschöpfer

Gemüselöffel

Bier/Saft   *Sekt*   *Rotwein*   *Weißwein*   *Likörschale*   *Cognac*

Frühstücksgedeck  *Nachmittagskaffee*

Abendessen  *Morgenkaffee*

Merke

○ Lege zuerst ein Tischtuch oder Sets auf. Die Tischtuchenden sollen gleichmäßig an jeder Seite herunterhängen!
○ Stelle das Geschirr so auf, daß es mit der Tischkante abschließt oder 1 cm innerhalb steht!
○ Stelle Tassen mit Untertellern oder Gläser oberhalb rechts der Eß- oder Kuchenteller auf. Tassenhenkel zeigen dabei immer nach rechts. Den Kaffeelöffel legst du auf den Unterteller!
○ Stelle die Salatteller oberhalb des Tellers auf die linke Seite!
○ Messer legst du rechts neben die Teller mit der Schneide nach innen!
○ Gabeln gehören links neben die Teller, mit der Wölbung aufgelegt!
○ Suppenlöffel legst du entweder rechts neben oder oberhalb des Tellers ab, Nachspeisenlöffel liegen immer oberhalb!
○ Bei mehreren Speisen legst du das Besteck immer so auf, daß es von außen nach innen benutzt werden kann. Jeder bedient sich dabei selbst!
○ Achte darauf, daß bei den entsprechenden Speisen das richtige Vorlegebesteck liegt. Wenn du die Speise auf dem Teller servierst, stellst du sie von der rechten Seite ein, wenn du eine Platte servierst, von links, damit sich jeder mit der linken Hand bedienen kann. Schenke auch von rechts ein.
○ Denke immer an Servietten!

Serviettenfaltungen:

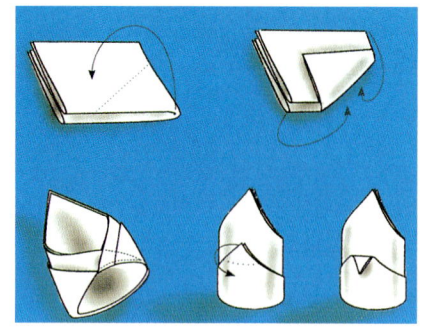

Jacobinermütze

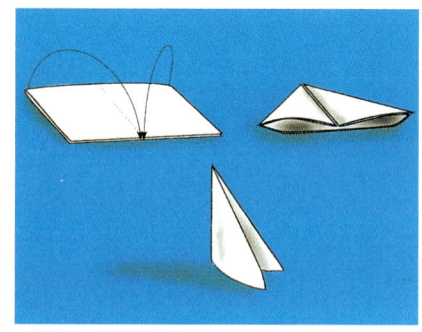

einfache Tafelspitze

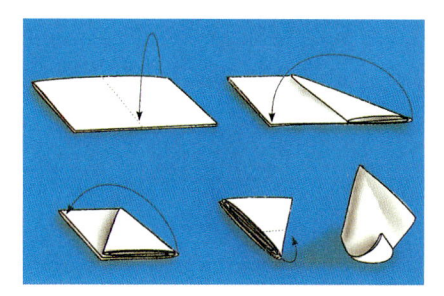

Die Tüte

Palmenwedel

Wir gestalten einen Tisch

Der Tischschmuck unterstreicht die Wirkung des gedeckten Tisches. Er richtet sich auch nach der Art eines Festes. Aber auch an einem gewöhnlichen Tag kann der Tisch geschmückt werden, um das gemeinsame Essen zu einem kleinen Fest werden zu lassen. Halte dich dabei an folgende Vorschläge:
▶ Die Tischdekoration sieht besonders hübsch aus, wenn sie in Farbe und Art zum Geschirr, der Tischdecke und zum Anlaß des Essens paßt.
▶ Kerzen machen einen Tisch festlich und gemütlich.
▶ Blumen (auch Garten- oder Wiesenblumen und Gräser) schmücken einen Tisch. Sie dürfen aber nicht stark riechen oder zu hoch sein.
▶ Bei größeren Tafeln helfen Tischkärtchen, die du selbst herstellen kannst, den Gästen, schnell den richtigen Platz zu finden.
▶ Einzelheiten wirken nur dann, wenn der Tisch nicht überladen ist.

Arbeitsaufträge

❍ Überlegt euch Dekorationen für einen Kindergeburtstag!
❍ Lest das Rezept. Wählt geeignetes Geschirr und Besteck!
❍ Deckt den Tisch, berücksichtigt ein Glas, und übt verschiedene Serviettenfaltungen!

Wurstsalat

400 g	Fleischwurst, Knackwürste oder Lyoner	häuten, in dünne Scheiben schneiden oder: rationell würfeln (s. u.)
1	Zwiebel	in feine Ringe schneiden oder: rationell würfeln
2	Essiggurken	in Scheibchen schneiden oder: rationell würfeln

Grundrezept Salatmarinade

Salatmarinade herstellen, **aber:** nur 2 EL Öl verwenden und gleich untermengen

Richtiges Benehmen bei Tisch will gelernt sein

Schon junge Ritter mußten neben ihrer kriegerischen Ausbildung auch lernen, bei Tisch die richtige Etikette einzuhalten.
Eine alte Handschrift überliefert:

»Kein Ritter soll zusammen mit einem anderen von ein und demselben Löffel essen.
Beim Essen rülpst man nicht, desgleichen schneuzt man sich nicht ins Tischtuch.
Wer nicht imstande ist, mit dem Löffel seine Speise aufzunehmen, der schiebe sie nie mit den Fingern darauf.
Bevor du trinkst, wische dir den Mund ab, damit das Fett nicht in den Weinbecher tropfe.
Es ziemt sich nicht, während des Essens auf dem Tisch zu lümmeln.
Beim Essen kratzt man sich nicht mit bloßer Hand, wenn etwas an der Kehle zwickt.
Zwickt es so stark, daß man kratzen muß, dann kratzt man besser mit dem Gewand.
Es ist keine gute Sitte, ein angebissenes Brot wieder in die Schüssel einzutunken.
Auch einen abgenagten Knochen legt man nicht in die Suppenschüssel zurück.
Wer gerade Essen in seinem Munde hat, der trinke nicht wie ein Vieh«.

Walter Hansen
Die Ritter
Prisma Verlag

Achte auch du auf gepflegte Tischmanieren, die den Genuß beim Essen erhöhen und dir sicher später im Berufsleben und Freundeskreis nützen werden.

Merke

- Ziehe Schüsseln oder Platten an deinen Teller und bediene dich im Sitzen!
- Nimm dir zu Beginn wenig auf den Teller und bediene dich lieber ein zweites Mal!
- Achte darauf, daß du immer das Stück nimmst, das dir am nächsten liegt!
- Hilf deinem Tischnachbarn beim Weiterreichen von Platten oder Schüsseln!
- Beginne erst mit dem Essen, wenn sich alle am Tisch bedient haben!
- Lege deine Ellbogen nicht auf die Tischplatte!
- Wenn dir etwas gut schmeckt, soll es die Tischgemeinschaft zwar wissen, aber auf keinen Fall hören!
- Auch wenn es dir einmal nicht schmeckt, mußt du es nicht lautstark verkünden und den anderen den Appetit verderben!
- Zeige mit dem richtig abgelegten Besteck, ob du noch etwas essen möchtest oder ob du fertig bist!
- Beginne den nächsten Gang erst, wenn alle ihr Essen beendet haben!
- Verlasse den Tisch zum Aufräumen erst, wenn deine Tischnachbarn fertig gegessen haben!

Überprüfe dein Wissen

1. Überlege, was Menschen durch gemeinsames Essen ausdrücken wollen!
2. Beschreibe das Decken eines Kaffeetisches!
3. Was solltest du beim Gestalten eines Tisches vermeiden?
4. Nenne Dekorationsmittel für eine rustikale Hauseinweihung und für ein italienisches Essen mit Freunden!
5. Welche Regeln verletzt die abgebildete Tischgemeinschaft?

6. Nenne fünf Regeln für richtiges Benehmen bei Tisch, und versuche zu erklären, welchen Sinn sie haben!

5.2 Wir gestalten Klassenfeste

Vielleicht bleibt im Hauswirtschaftsunterricht Zeit, um ein Klassenfest zu planen und durchzuführen. Folgende Vorschläge sollen dir, dem Jahresfestkreis entsprechend, dabei helfen. Auch ausländische Mitschüler werden mit einbezogen. Man könnte ein Fest auch in Verbindung mit anderen Fächern, wie z. B. Religion, Deutsch oder Englisch, durchführen.

Kirchweih- oder Erntefeste

Früher wurden Kirchweihtage immer zum Abschluß der Ernte begangen. Das Kirchweih- oder Erntedankfest ist auch heute noch ein Dorffest, bei dem zuerst in der Kirche die Altäre mit Ähren, Garben, Obst, Gemüse, Feldfrüchten und Blumen geschmückt und gesegnet werden. Anschließend trifft man sich auf dem Dorfplatz zum Essen, Tanzen und zu verschiedenen Spielen (Wettläufe, Ringkämpfe, Wettklettern, Viehwetttreiben).

Im Hauswirtschaftsunterricht könntet ihr die Tische mit Ähren oder wildem Wein schmücken und einen Kirchweihkuchen (Blechkuchen mit erntefrischem Obst) oder Kirchweihnudeln (Schmalzgebäck) backen.

Ostern

Das Osterfest, d. h. der Ostersonntag, schließt bei den Christen die 40tägige Fastenzeit ab, die am Aschermittwoch beginnt. Gleichzeitig wird die Auferstehung Christi gefeiert. Ein Festessen am Ostersonntag drückt die Freude darüber aus. Ostern verband man auch seit jeher mit dem Frühlingsbeginn. Osterfeuer, die in der vorchristlichen Zeit gezündet werden, sollen den Winter vertreiben. Darauf beruht wahrscheinlich der Brauch, daß Kinder zum Ostersonntag immer etwas Neues zum Anziehen bekamen. In ihren neuen Kleidern konnten sie dann mit anderen Kindern Eierspiele mit gefärbten Eiern durchführen. Schon die Chinesen sollen vor 5 000 Jahren zum Frühlingsanfang bunte Eier verschenkt haben. Beim sog. Eierschlagen oder Eierpecken, das fast in ganz Europa beliebt ist, werden gefärbte Eier aneinandergeschlagen. Der Spieler mit dem unbeschädigten Ei gewinnt das andere dazu. Auch das Eierrollen, -werfen und -wettlaufen sind beliebte Spiele. Seit dem 16. Jahrhundert bringt der Osterhase (der Hase wird wahrscheinlich als Frühlingssymbol angesehen) den Kindern die gefärbten Eier in einem Nest.

Im Hauswirtschaftsunterricht können wir:
- Eier für das Osterfest färben,
- einen Osterfladen oder einen Eiermann aus Hefeteig backen.

Für zu Hause soll folgendes Menü eine Anregung sein:

Gefüllte Eier
auf Blattsalat

~

Klare Brühe
mit Frühlingsgemüse

~

Osterlamm
mit grünen Bohnen und
Thymiankartoffeln

~

Zitronensoufflé

Wir planen ein Sommerfest

Als Abschluß des Hauswirtschaftsunterrichts könntet ihr ein Sommerfest durchführen.
Es könnte als Grillfest, Picknick, kalt-warmes Büfett oder internationales Fest (ausländische Schüler berichten von Bräuchen aus ihrer Heimat und machen Menüvorschläge) gestaltet werden.

Beachtet bei der Planung folgende Punkte:

– Gerichte auswählen
– Arbeitsplan aufstellen
– Gäste einladen
– einkaufen
– Speisen zubereiten
– Tische entsprechend dekorieren

Adventzeit und Weihnachten

Die Tradition, unser Haus in der Adventszeit mit Tannengrün, Buchsbaum oder Misteln zu schmücken, stammt noch aus der vorchristlichen Zeit. Immergrüne Zweige sollten im Winter den freundlichen Waldgeistern Zuflucht bieten und die bösen Dämonen als Symbol der ewigen Lebenskraft verscheuchen. Das Grün des Adventskranzes wird häufig mit roten Kerzen oder Bändern kombiniert, die das Blut Jesu symbolisieren. In Deutschland wird während der Adventszeit gebastelt und gebacken. In England, Irland und Schottland gehört das Geschichtenerzählen zum Advent. Der Tannenbaum, der als Sinnbild des Deutschtums in der Zeit der Freiheitskriege gegen Napoleon im 19. Jahrhundert von beiden Konfessionen aufgestellt wurde, ist mittlerweile fast überall beliebt. Bei uns wird er je nach Geschmack und Tradition entweder mit Kugeln, Strohsternen oder auch Äpfeln und Kerzen geschmückt, die Bescherung findet am Heiligen Abend, dem 24. Dezember, statt. An diesem Tag begeht man das Fest der Geburt Jesu. In Italien wird der Weihnachtsbaum mit Puppen und Grußkarten von Freunden geschmückt, am Heiligen Abend gibt es ein Festmahl mit der Familie, die Kinder werden erst am 6. Januar von der Befana, der „Drei-Königs-Hexe" beschenkt. Französische Kinder hoffen am Weihnachtsabend auf einen gefüllten Schuh vor dem Kamin. Nach der Christmesse findet ein Festessen statt. Die Weihnachtsbäume in den angelsächsischen Ländern werden sehr bunt und überladen geschmückt. Hier beschenkt „Santa Claus" die Kinder. Er steigt angeblich in der Nacht zum 25. Dezember durch den Kamin. Traditionelle Weihnachtsessen bei uns sind Karpfen am Heiligen Abend, Mettenwürste[1] nach der Christmesse und die Weihnachtsgans am ersten Feiertag.

[1] Mettenwürste (Wiener Würstchen, Weißwürste, Brühwürste u. a.) ißt man nach der Christmette – Mitternachtsmesse

Im Hauswirtschaftsunterricht könnt ihr eine Weihnachtsfeier mit selbstgebackenen Plätzchen und Früchtepunsch planen.

Früchtepunsch

Menge	Zutaten	Zubereitung
1 l	Wasser	zum Kochen bringen, von der Kochstelle nehmen, die Teebeutel und eine Zimtstange 5 Minuten ziehen lassen
2	Teebeutel (schwarz, Glühwein fix)	
1	Zimtstange	
2	Orangen	auspressen
1	Zitrone	Zutaten in einen Topf geben und erwärmen
1 l	Apfelsaft	
nach Belieben	Zucker	Tee mit den erwärmten Säften mischen, mit Zucker nach Geschmack süßen.

Vanillekipferl (Österreich)

Zutaten (für ca. 60 Stück)

Für den Mürbeteig:

180 g Mehl

je 100 g gemahlene Mandeln und Haselnüsse

70 g Zucker

200 g Butter oder Margarine

1 Eigelb

1 Ei

Zum Bestreuen:

5 Päckchen Vanillinzucker

50 g Puderzucker

Zubereitung: Aus Mehl, gemahlenen Mandeln und Nüssen, Zucker, Fett und Eiern einen Mürbeteig bereiten. Teig ca. 1/2 Stunde kalt stellen. Aus dem Teig daumendicke Rollen formen und davon jeweils 3–4 cm lange Stücke abschneiden. Zum Kipferl formen und auf ein mit Backpapier belegtes Backblech setzen. Im vorgeheizten Backofen bei 190 °C (normal), 170 °C (Umluft) oder Stufe 2 bis 3 (Gas) ca. 10 bis 15 Minuten goldbraun backen. Vom Blech nehmen und noch heiß in einem Gemisch aus Vanillin- und Puderzucker wälzen.

Zimtsterne (Deutschland)

Zutaten (für ca. 90 Stück)

3 Eier, 300 g Zucker

1 Päckchen Vanillinzucker

625 g gemahlene Mandeln

50 g Mehl, 2 TL Zimt, 1 Eiweiß

100 g Puderzucker

Zubereitung: Eier, Zucker und Vanillinzucker mit dem Schneebesen schaumig schlagen. Mehl, Mandeln und Zimt unterkneten. Teig zwischen Plastikfolie ausrollen und Sterne ausstechen. Eiweiß steif schlagen, Puderzucker untermischen. Sterne mit Eiweißmasse bestreichen. Auf ein mit Backpapier ausgelegtes Backblech setzen. Im vorgeheizten Ofen bei 150 °C (normal), 130 °C (Umluft) oder Stufe 1 bis 2 (Gas) ca. 10 bis 15 Minuten backen.

Schweizer Batzen

Zutaten (für ca. 40 Stück)

Für den Makronenteig:

300 g ungeschälte Mandeln

3 Eiweiß, 300 g Zucker, 1 TL Zimt

abgeriebene Schale 1/2 unbehandelten Zitrone

Zum Verzieren:

40 g Mandelblättchen

Zubereitung: Die Mandeln fein mahlen. Eiweiß halb steif schlagen, dann nach und nach den Zucker einrieseln lassen, so lange schlagen, bis der Schaum fest ist. Mandeln mit Gewürzzutaten mischen und vorsichtig unter die Schaummasse heben. Mit 2 in Wasser getauchten Teelöffeln Makronen formen und auf ein mit Backpapier belegtes Backblech setzen. Im vorgeheizten Backofen bei 150 °C (normal), 130 °C (Umluft) oder Stufe 1 (Gas) ca. 20 Minuten backen.

Biscotti alla nodo (Italien)

Zutaten (für ca. 50 Stück)

Für den Knetteig:

300 g Mehl

1 TL Backpulver

1 Ei

1 Eigelb

100 g Zucker

1 TL gemahlener Anis

15 g Butter oder Margarine

5 EL Schlagsahne

Für den Guß:

2 EL Wasser oder Rum, eventuell einige Tropfen rote oder grüne Speisefarbe

Zubereitung: Teigzutaten zu einem glatten Teig verkneten. Ca. 30 Minuten kalt stellen. Teig auf einer bemehlten Arbeitsfläche 1/2 cm dick ausrollen. Mit einem Messer ca. 2 cm breite und 16 cm lange Streifen schneiden. In jeden Streifen vorsichtig einen Knoten schlingen. Auf ein mit Backpapier belegtes Backblech setzen. Im vorgeheizten Backofen bei 200 °C (normal), 170 °C (Umluft) oder Stufe 3 (Gas) ca. 15 Minuten backen. Puderzucker und Flüssigkeit miteinander verrühren. Nach Belieben je 1/2 der Gußmenge rot und grün färben. Knoten noch warm mit dem Guß bestreichen.

Rezepte

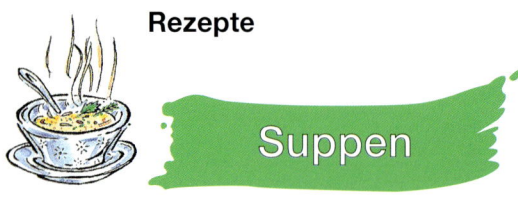

Suppen

Kartoffelsuppe aufgeschmelzt (Bayern)

500 g	Kartoffeln	Die Kartoffeln waschen, schälen und würfeln. Das Suppengrün putzen, waschen und ebenfalls würfeln.
1 Stange	Lauch	
2	gelbe Rüben	
1	Petersilienwurzel	
1/8	Sellerie	
1 1/4 l	Würfelbrühe	Die Brühe zum Kochen bringen, gewürfelte Kartoffeln und Gemüse zugeben, mit Majoran würzen und garen, anschließend die Suppe passieren.
2 TL	Majoran	
1–2	Zwiebeln	**Zum Aufschmelzen** Zwiebelringe in Fett und gewürfelten Speck anrösten und über die passierte Suppe geben.
30 g	Fett	
100 g	Räucherspeck	

Gratinierte Zwiebelsuppe (Frankreich)

3 große	Zwiebeln	Die Zwiebeln schälen und in dünne Scheiben schneiden.
4 EL	Butter	Die Butter zerlassen und die Zwiebelringe darin glasig dünsten.
1 EL	Mehl	Mit dem Mehl bestäuben, gut wenden und mit der Brühe aufgießen, würzen und bei milder Hitze etwa 20 Min. köcheln lassen.
3/4 l	Brühe	
1 TL	Salz	
1 Msp.	weißer Pfeffer	
1 Tasse	Weißwein (trocken)	Die Suppe mit dem Weißwein abschmecken, in Suppentassen verteilen, das getoastete Weißbrot und den Käse darauf verteilen und im Backrohr (Backofen) kurz (5 Minuten) goldbraun überbacken.
4 Sch.	Toast	
50 g	geriebener Käse	

Salzburger Meerrettichsüppchen (Österreich)

1 Stange	Meerrettich	Den Meerrettich fein reiben und zudecken.
1/2	Zwiebel	Zwiebel fein würfeln, in Butter andünsten, Mehl zugeben, mit der Brühe nach und nach aufgießen und zwischenzeitlich immer wieder glattrühren. Das Lorbeerblatt zugeben und 10 Minuten köcheln lassen.
60 g	Butter	
2 EL	Mehl	
1 1/4 l	Fleischbrühe	
1	Lorbeerblatt	
1 B.	Crème fraîche	Den Meerrettich zugeben, mit Crème fraîche und Sahne verfeinern und pikant abschmecken. Mit Dill garnieren.
1/2 B.	süße Sahne	
	Salz, weißer Pfeffer	

Schwäbische Maultaschen

400 g	Mehl	Das Mehl mit dem Salz, dem Wasser, dem Essig und Öl verkneten. In einer angewärmten Schüssel 20 Minuten gehen lassen.
1/2 Tasse	lauwarmes Wasser	
1 Prise	Salz	
1 EL	Essig	
5 EL	Öl	
250 g	Blattspinat (TK)	Den aufgetauten Spinat und die Zwiebeln würfeln, mit den aufgeweichten Semmeln und den übrigen Zutaten und Gewürzen gut vermischen. Den Teig 3 mm dick auswellen (-rollen) und Quadrate von 15 cm ausschneiden. Jeweils 2 EL Fülle daraufgeben, die Quadrate zusammenklappen und die Ränder festdrücken.
1	Zwiebel	
1 1/2	alte Semmeln	
2 EL	geh. Petersilie	
400 g	Hackfleisch	
400 g	Bratwurstbrät	
2	Eier	
1 Msp.	Salz, Pfeffer und ger. Muskatnuß	
1 1/2 l	Fleischbrühe	Die Maultaschen in der kochenden Brühe 10 Minuten garziehen lassen.

Minestrone (Italien)

1–2	Zucchini	Das Gemüse putzen, waschen, zerkleinern und in Öl andünsten. Flüssigkeit zugeben und kurz aufkochen. 30 Minuten leicht köcheln lassen.
1 Stange	Lauch	
1 Stange	Staudensellerie	
100 g	Brechbohnen	
1	gelbe Rübe	
100 g	weiße Bohnen	
4	Tomaten (gehäutet)	
50–100 g	Erbsen (Dose)	
4 EL	Öl	
1 1/2 l	Würfelbrühe	
50 g	Makkaroni	Die Nudeln kleinbrechen und die letzten 10 Minuten in der Suppe mitgaren.
1 Bund	Petersilie	Die Petersilie frisch gehackt über die Suppe geben und mit dem Käse servieren.
40 g	Parmesan	

Fischsuppe mit Krabben (Schleswig-Holstein)

300 g	Schwarzbuttfilet	Das Fischfilet würfeln, mit Zitronensaft beträufeln, salzen und abdecken.
1	Zitrone (Saft)	
	Salz	
1	Zwiebel	Zwiebelwürfel in der Butter glasig dünsten.
2 EL	Butter	
2	Lauchstangen	Den Lauch und die gelben Rüben putzen, waschen und in feine Ringe, bzw. Stifte schneiden. Das Gemüse zu den Zwiebeln geben, kurz dünsten, mit der Brühe (und dem Wein) aufgießen und abschmecken. 15 Minuten köcheln lassen.
200 g	gelbe Rüben	
1 l	Brühe	
(1/4 l	Wein)	
	Pfeffer	
100 g	Krabben	Die Fischwürfel und Krabben zugeben, 10 Minuten ziehen lassen.

Hauptgerichte

Schäufele (Franken)

1 kg	Schäufele (Teil aus der Schulter) Salz, Pfeffer Kümmelpulver	Das gewaschene Fleisch würzen und ringsum in Öl im Bratentopf anbraten.
4 EL	Speiseöl	
1	Zwiebel	Die Zwiebel schälen, würfeln und zum Fleisch geben. Sobald die Zwiebelwürfel gebräunt sind, mit dem Wasser ablöschen. Den Bratentopf in den Ofen stellen. Bei 200 °C etwa 2 Stunden braten, immer etwas Wasser nachgießen. Dazu schmecken Kartoffelknödel und grüner Salat.
1/4–1/2 l	Wasser	

Berliner Leber

4 Scheib.	Kalbsleber (à 150 g)	Die Leber von Häuten befreien, waschen und trockentupfen.
2 große	Äpfel	Die Äpfel waschen, schälen, entkernen und in Scheiben schneiden.
2 große	Zwiebeln	Die Zwiebeln in Ringe schneiden.
50 g	Butter	Zuerst die Apfelscheiben in der Butter goldgelb von beiden Seiten andünsten, danach die Zwiebelringe ebenfalls dünsten, beides warmstellen.
3 EL	Mehl	Die Leber in Mehl wenden, nicht haftendes Mehl wieder abklopfen.
4 EL	Butterschmalz	Die Leber von beiden Seiten 3 bis 4 Minuten braten, mit Salz und Pfeffer würzen und mit den Apfelscheiben und Zwiebelringen anrichten. Mit Kartoffelbrei servieren.

Grünkohl mit Kasseler (Niedersachsen)

1 kg	Kasseler (ohne Knochen)	Das Fleisch von beiden Seiten im heißen Schmalz gut anbraten, anschließend herausnehmen.
40 g	Butterschmalz	
3	Zwiebeln	Die Zwiebeln häuten und würfeln, in dem Butterschmalz andünsten.
1 kg	Grünkohl (TK, grob gehackt)	Grünkohl zugeben und mit der Brühe aufgießen, das Kasseler wieder zugeben und zugedeckt 40 bis 50 Minuten garen.
1/4 l	Brühe	
	Salz, Pfeffer	Das Kasseler in Scheiben schneiden, den Grünkohl würzen, Bratkartoffeln dazu reichen.
2 EL	Zucker	

Königsberger Klopse (Ostpreußen, heute Rußland)

1	altbackene Semmel	Die Semmeln einweichen, die Sardellenfilets klein-
6	Sardellenfilets	schneiden, die Zwiebel schälen und würfeln; mit
1	Zwiebel	dem Hackfleisch, dem Käse, dem Ei, Muskat und
500 g	gem. Hackfleisch	dem Salz zu einem glatten Teig verrühren, 15 Minu-
1 EL	ger. Käse	ten zugedeckt ruhen lassen.
1	Ei	
1 Msp.	ger. Muskatnuß	
1/2 TL	Salz	
3/8 l	Fleischbrühe	Aus dem Fleischteig etwa walnußgroße Klößchen formen, in die heiße Fleischbrühe legen und bei milder Hitze so lange garziehen, bis die Klopse an die Oberfläche kommen.
30 g	Butter	Die Butter zerlassen, das Mehl einstäuben und hell-
30 g	Mehl	gelb andünsten. Mit der Klopsbrühe aufgießen und unter Rühren einige Minuten kochen lassen.
1/8 l	Weißwein	Den Weißwein und die Kapern zugeben, mit Salz
2 EL	Kapern	und Zitronensaft abschmecken.
1/2 TL	Salz	
1 TL	Zitronensaft	
4 EL	Sahne	Die Sahne mit dem Eigelb verquirlen und die Sauce
1	Eigelb	damit binden. Danach die Sauce nicht mehr kochen lassen und mit Salzkartoffeln servieren.

Gefüllte Weinblätter (Griechenland)

3	Zwiebeln	Die Zwiebeln schälen und reiben, mit dem Reis in
1/2 Tasse	Öl	heißem Öl glasig braten. 1 Tasse heißes Wasser, die
1 Tasse	Langkornreis	Pinienkerne, die Kräuter und die Gewürze zugeben,
50 g	Pinienkerne	zugedeckt bei milder Hitze 10 Minuten garen und
je 2 EL	gehackter Dill und Petersilie	danach abkühlen lassen.
1/2 EL	Minzeblätter	
1/2 TL	Salz	
2 Msp.	Pfeffer	
1 TL	Zucker	
200 g	Weinblätter frisch oder aus der Dose	Die Weinblätter überbrühen, kalt abspülen und abtropfen lassen (aus der Dose nur abtropfen lassen). Einen Topfboden mit Weinblättern auslegen, die übrigen auf der Arbeitsfläche ausbreiten. Auf jedes Weinblatt etwas Reisfüllung geben, die Ränder einschlagen, die Weinblätter aufrollen und in den Topf legen.
2 EL	Zitronensaft	Die gefüllten Weinblätter mit dem Zitronensaft, der
3 EL	zerlassene Butter	Butter und 1 1/2 Tassen heißem Wasser übergießen, mit einem Teller beschweren und bei milder Hitze 30 Minuten garen. Abgekühlt mit Zitronensauce servieren.

Krautwickel (Bayern)

1 Kopf	Weißkraut	Nach dem Putzen die äußeren großen Blätter vorsichtig lösen und kurz in kochendes Wasser tauchen (blanchieren), herausnehmen und auskühlen lassen.
2 750 g 1 TL 2	alte Semmeln gem. Hackfleisch Salz, Pfeffer Majoran Muskatpulver Eier	Die Semmeln einweichen, gut ausdrücken und mit den übrigen Zutaten zu einem Fleischteig verarbeiten. Teigportionen in die Krautblätter einwickeln und mit Küchenzwirn umbinden.
40 g 1/4 l	Fett Brühe	Die Krautwickel in einem Schmortopf von allen Seiten schwach anbräunen und etwas Brühe zugeben. Bei geschlossenem Topf etwa 30 Minuten garen.
	Schlagsahne	Die Sauce mit Sahne abschmecken und mit Kartoffelbrei oder Salzkartoffeln servieren.

Züricher Geschnetzeltes (Schweiz)

600 g 1 EL 3 EL	Kalbsschnitzel (evtl. Schweineschnitzel) Mehl Speiseöl	Das Fleisch in feine Streifen schneiden. Die Fleischstreifen in Mehl wenden, in einer Pfanne kräftig anbraten, herausnehmen und warmstellen.
30 g 1 1/8 l	Butter Zwiebel Brühe	Die Butter in der Pfanne schmelzen, die gewürfelte Zwiebel darin andünsten und mit der Brühe ablöschen.
1/2 2 EL 3 EL	Zitrone (Saft) Crème fraîche Sahne	Mit dem Zitronensaft würzen und mit Crème fraîche und Sahne verfeinern. Die Fleischstreifen zugeben und erhitzen. Nicht mehr kochen lassen. Das Geschnetzelte nochmals abschmecken.
1 Bund	Petersilie	Mit Petersilie bestreuen. Reis oder Rösti dazu reichen.

Serbisches Reisfleisch (Serbien)

40 g 400 g 2 Scheib. 1	Fett mageres Schweinefleisch Räucherspeck Zwiebel	Das Fett erhitzen, das gewürfelte Fleisch anbraten, gewürfelten Speck und Zwiebel zugeben, mitschmoren.
1 TL 1/2 TL 2–3	Salz Paprikapulver geh. Tomaten	Gewürze, zerkleinerte Tomaten und 1/4 l heißes Wasser zugeben, zugedeckt 20 Minuten köcheln lassen.
1/2 2 Tassen 3 Tassen	rote und grüne Paprika Reis Wasser	Paprika waschen, würfeln, mit dem Reis und dem Wasser zugeben, kurz aufkochen lassen und bei milder Hitze zugedeckt nochmals 20 Minuten garen.

Aal grün (Schleswig-Holstein)

2	Zwiebeln	Die Zwiebeln schälen und vierteln, die Petersilienwurzel schälen und in Scheiben schneiden, beides mit dem grob gehackten Dill (1 Bd.) und den Gewürzen in Salzwasser 10 Minuten kochen lassen.
1	Petersilienwurzel	
2 Bund	Dill	
1	Lorbeerblatt	
1/2 TL	Estragon (getr.)	
8	Pfefferkörner	
5–6 EL	Weißweinessig	
1 1/2 l	Salzwasser	
1 kg	Aal ohne Kopf	Den Aal gründlich waschen und in Stücke schneiden.
1/8 l	Weißwein	Den Wein zum Sud geben und aufkochen lassen, den Aal zugeben und 15 Minuten garziehen lassen, herausnehmen und warmstellen. Den Sud durch ein Sieb streichen.
30 g	Butter/Margarine	Das Mehl in heißem Fett anschwitzen und nach und nach 1/2 l Fischsud unterrühren, die Sauce 5 Minuten bei milder Hitze kochen lassen.
1 EL	Mehl	
1/8 l	Schlagsahne	Die Sahne mit dem Eigelb verquirlen und unter die Sauce rühren. Die Sauce würzig abschmecken, mit dem restlichen Dill und den Aalstücken anrichten. Dazu passen Petersilienkartoffeln.
1	Eigelb	
	Pfeffer	
	Zucker	

Lammfleischspieße – Kebab (Türkei)

500 g	Lammfleisch (aus der Keule)	Das Lammfleisch in Würfel schneiden.
1	Zwiebel	Die Zwiebel fein reiben, mit Salz und gepreßter Knoblauchzehe mischen. Die Fleischwürfel damit einreiben und auf Holzstäbchen stecken. Die Fleischspieße grillen oder knusprig braten. Mit Zucchinischeiben und Fladenbrot servieren.
2	Knoblauchzehen	
	Salz	

Cevapcici (Balkan)

600 g	gem. Hackfleisch	Das Hackfleisch mit den übrigen Zutaten und der gepreßten Knoblauchzehe gut miteinander vermischen. Aus dem Teig 5 cm lange und gut daumendicke Röllchen formen.
1 TL	Salz	
1/2 TL	Pfeffer	
1 TL	Paprika	
1	Ei	
1	Knoblauchzehe	
3 Tr.	Tabascosauce	
4 EL	Speiseöl zum Braten	In der Pfanne oder im Grill von allen Seiten bräunen.
		Dazu schmecken Kräuterbrot oder Pommes frites, Paprikasalat und frische Zwiebelwürfel.

Steak Pie (England)

1/2 P.	Blätterteig (TK)	Den Teig auftauen und in der Größe der feuerfesten Form auswellen (ausrollen).
500 g	Rindfleisch (Roastbeefstück)	Das Fleisch waschen, trockentupfen und in Scheiben schneiden.
150 g	Champignons	Die Pilze putzen, in Scheiben schneiden, mit der gewürfelten Zwiebel und Petersilie in Margarine andünsten.
2	Zwiebeln	
1/2 Bd.	Petersilie	
20 g	Margarine	Die Stärke mit den Gewürzen mischen, die Fleischscheiben damit bestäuben, in die Form geben und die Gemüsemasse darauf verteilen.
25 g	Speisestärke	
	Salz	
	schwarzer Pfeffer	
1/4 l	Fleischbrühe	Die Brühe darübergeben.
		Den ausgerollten Blätterteig über die Zutaten legen und an der Form festdrücken. In der Mitte ein Luftloch einschneiden.
1	Eigelb	Deckel mit Eigelb bestreichen und bei 200 °C 60 Minuten backen. Mit frischem Salat servieren.

Paella – Reispfanne (Spanien)

6–8 Portionen

1	rote Paprika	Den Paprika waschen und in Streifen schneiden, das Fleisch säubern und in schmale Streifen schneiden.
400 g	Hähnchenbrust	
400 g	Schweinefilet	
6 EL	Olivenöl	Paprika zusammen mit den Garnelen anbraten und ca. 5 Minuten bei milder Hitze weiterbraten, gelegentlich wenden, aus dem Fett nehmen und warmstellen.
6	Garnelen mit Kopf	
etwas	Salz, Chilipulver	Das Fleisch in der Pfanne anbraten, würzen, das Tomatenmark und den gepreßten Knoblauch unterrühren, den Reis zugeben und alles gut miteinander vermischen.
2 EL	Tomatenmark	
1–2	Knoblauchzehen	
1 Bund	Petersilie	
400 g	Avorioreis	
3 Päck.	Safran	Den Safran in der heißen Brühe auflösen, in die Pfanne geben, 10 Minuten garen. Danach Paprika, Garnelen, Muscheln und Erbsen zugeben, nochmals 10 Minuten garen.
3/4 l	Brühe	
200 g	Miesmuscheln (Dose)	
300 g	Erbsen (TK)	
1	Zitrone	Mit Zitronenspalten servieren.

Beilagen und Gemüse

Reis mit Spinat (Griechenland)

1 Päck.	Blattspinat (TK)	Den Spinat auftauen und grob zerkleinern.
3–4 EL	Olivenöl	Das Öl erhitzen, die gewürfelte Zwiebel andünsten, den zerkleinerten Dill und den Spinat zugeben, bei milder Hitze 10 Minuten garen.
1	Zwiebel	
1 Bund	Dill	
	Salz	Spinat würzen, Tomatenmark, Reis und Wasser zugeben, weitere 20 Minuten garen.
	Pfeffer	
1 EL	Tomatenmark	
1 Tasse	Reis	
1 Tasse	Wasser	
1	Zitrone (Saft)	Vor dem Servieren mit dem Zitronensaft abschmecken.

Türkischer Gurkendip

2	Salatgurken	Die Gurken schälen, halbieren und die Kerne mit einem Löffel entfernen.
1/2 TL	Salz	Die Gurken grob raspeln, salzen und etwa 15 Minuten ziehen lassen.
1 Bund	Dill	Bis auf einige Zweige mit der Minze hacken, mit dem Joghurt, dem Olivenöl und dem gepreßten Knoblauch glattrühren.
1 Bund	Minze	
4 Becher	Joghurt	
2 EL	Olivenöl	
	Knoblauch	
		Die abgetropften Gurkenraspeln untermischen, mit Salz und einer Prise Zucker abschmecken. Mit den restlichen Dillzweigen garnieren.

Schwammerlsoße (Bayern)

750 bis 1000 g	Mischpilze	Die Schwammerl sorgfältig putzen, schnell und gründlich waschen, gut abtropfen lassen und in Scheiben schneiden.
1	Zwiebel	Die gewürfelte Zwiebel in der Butter andünsten, die Schwammerl zugeben, würzen und im eigenen Saft 10 Minuten dünsten lassen.
40 g	Butter	
	Salz	
	Pfeffer	
1 Becher	Schlagsahne	Die Sahne zugeben, einkochen lassen, abschmecken und mit frisch gehackter Petersilie mit Semmelknödeln servieren.
1 Bund	Petersilie	

Bauchstechala aus rohen Kartoffeln (Bayern)

1 kg	rohe Kartoffeln	Die rohen Kartoffeln waschen, schälen, reiben und auspressen.
4 2–4 EL 1 1/2–2 l	gekochte Kartoffeln Mehl Salz Salzwasser	Mit den gekochten, gepreßten Kartoffeln, dem Mehl und Salz zu einem Teig verarbeiten. Kleine Fingernudeln (Bauchstechala) drehen und in Salzwasser 10 Minuten garen.
80 g	Butterschmalz	Das Butterschmalz in einer Bratreine zerlassen und die entnommenen Bauchstechala darin verteilen.
4 1 EL	Eier Milch Salz, Pfeffer	Die Eier und die Milch mit Salz und Pfeffer verquirlen und über die Bauchstechala gießen. Die Eiermasse im Backofen stocken lassen.
		Mit Schnittlauchröllchen, grünem oder Krautsalat servieren.

Kartoffelgemüse (Bayern)

1 kg	Kartoffeln	Die Kartoffeln waschen, schälen, in Scheiben oder Würfel schneiden.
1 30 g 1/2 l 1 TL	Zwiebel Fett Brühe Majoran Lorbeerblatt Salz	Die gewürfelte Zwiebel glasig dünsten, die Kartoffeln mit den Gewürzen zugeben, mit der Brühe aufgießen und garkochen.
2 EL 1/8 l 2 EL 2 EL	Mehl Milch Essig Schlagsahne	Das Mehl mit der Milch verquirlen, unter die kochenden Kartoffeln rühren und mit dem Essig und der Sahne abschmecken.
	Petersilie	Mit gehackter Petersilie anrichten.

Ratatouille (Frankreich)

400 g	Paprika (rot/grün)	Die Paprika waschen, längs halbieren, die Kerne entfernen, ausspülen und in Streifen schneiden
300 g 300 g	Auberginen Zucchini	Die Auberginen und Zucchini waschen und in Scheiben schneiden.
2 1	Zwiebeln Knoblauchzehe	Die Zwiebeln und den Knoblauch schälen und fein würfeln.
200 g	Tomaten	Die Tomaten häuten und in Viertel schneiden.
6 EL	Öl	Das Öl erhitzen, die Gemüse darin andündsten, zuletzt die Tomaten zugeben und mit wenig Wasserzugabe ca. 15 Minuten garen..
	Salz, Pfeffer Basilikum, Thymian und Petersilie	Das Ratatouille würzen und die gehackten Kräuter darüber geben.

Süßspeisen

Schokoladen-Tiramisu (Italien)

100 ml	Milch	Die Milch mit dem Zucker zum Kochen bringen.
1 EL	Zucker	
4 EL	Kakaopulver	Das Kakaopulver mit dem Likör glattrühren, in die heiße Milch einrühren und kalt stellen.
2 EL	Kaffeelikör	
2	Eigelb	Das Eigelb mit dem Puderzucker sehr schaumig schlagen, den Frischkäse darunterrühren.
2 EL	Puderzucker	
250 g	Mascarpone	
1 kleinen hellen Biskuittortenboden		Den Tortenboden auf die Größe der Form zuschneiden, einmal durchschneiden, einen Boden in die Form legen, mit der Hälfte des Kakaos beträufeln und eine Hälfte der Mascarponecreme darüberstreichen; den Arbeitsschritt nochmals wiederholen.
20 g	dunkle Kuvertüre	Zuletzt die feingeraspelte Kuvertüre darübergeben und etwa 2 Stunden kühl stellen.

Salzburger Nockerl (Österreich)

30 g	Butter	Die Butter mit dem Zucker bei milder Hitze in einer feuerfesten Form karamelisieren lassen.
30 g	Zucker	
6 EL	Schlagsahne	Die Sahne zugeben, einmal kurz und kräftig aufkochen lassen, dann auf der ausgeschalteten Platte warmstellen.
4	Eigelb	Das Eigelb mit **30 g Puderzucker** und dem Vanillinzucker schaumig schlagen.
90 g	Puderzucker	
1 Päck.	Vanillinzucker	
6	Eiweiß	Eiweiß mit dem Salz und dem **restlichen Puderzucker** sehr steif schlagen, dann die Eigelbmasse und die Stärke vorsichtig unterheben. Die Masse mit einem großen Löffel in Portionen auf die Karamelmasse in die Form setzen. Bei 200–225 °C in der 2. Einschubleiste von unten 15 Minuten backen. Mit Puderzucker bestäuben und sofort servieren.
1 Prise	Salz	
1 EL	Speisestärke	

Lütticher Waffeln (Belgien)

Für 16 Stücke:

1	Hefewürfel	Die Hefe in der lauwarmen Milch auflösen. Mit **100 g** Zucker, **250 g** Mehl und den Eiern kräftig durchrühren. Den Teig zugedeckt an einem warmen Ort gehen lassen, bis er sich verdoppelt hat.
200 ml	Milch	
175 g	Zucker	
450 g	Mehl	
2	Eier	
150 g	Butter	Die Butter schmelzen und lauwarm zum Teig geben, das Salz und das **restliche Mehl** einrühren, bis der Teig Bläschen bildet, nochmals 20 Minuten gehen lassen.
1 Prise	Salz	
50 g	Hagelzucker	Danach den **restlichen Zucker** und Hagelzucker zugeben und im mit Öl bepinselten Waffeleisen ausbacken, auf ein Kuchengitter legen und mit Puderzucker bestäuben. Dazu schmeckt Vanilleeis und heiße Schokolade.
	Öl für das Waffeleisen	

Crêpes Suzette (Frankreich)

6 EL	Mehl	Das Mehl mit der Milch verrühren. Die Eier, das Salz, den Zucker und die zerlassene Butter unterrühren.
1/4 l	Milch	
3	Eier	
1/2 TL	Salz	
2 EL	Zucker	
30 g	Butter	
1	Orange (unbehandelt)	Die Orange waschen, dünn schälen und die Schale in dünne Streifen schneiden.
150 g	weiche Butter	Die Butter mit dem Zucker schaumig schlagen, **6 EL Orangenlikör/-saft** und die Mandeln zugeben. Aus dem Teig in einer eingefetteten Crêpepfanne 8 dünne Crêpes ausbacken. Die Crêpes mit der Füllung bestreichen, zweifach zusammenklappen, in eine feuerfeste Form geben und mit dem **restlichen Likör** flambieren.
5 EL	Zucker	
1/8 l	Orangenlikör/Orangensaft	
2 EL	gem. Mandeln	
	Butterschmalz zum Ausbacken	

Rote Grütze mit Sahne (Schweden)

750 g	Erdbeeren	Die Früchte pürieren und durch ein Sieb streichen.
250 g	Himbeeren	
3 EL	Vanillepuddingpulver	Das Puddingpulver mit dem Zucker und dem Wasser verrühren, unter das Fruchtpüree rühren und etwa 2 Minuten gut aufkochen lassen.
4 EL	Zucker	
3 EL	Wasser	
3 EL	rotes Johannisbeergelee	Das Gelee unterrühren und die rote Grütze kaltstellen.
40 g	Mandelblättchen	Mandeln in einer Pfanne ohne Fett goldbraun rösten, über die Grütze geben.
200 g	Schlagsahne	Grütze mit flüssiger Sahne servieren.

Kirschenmichel (Franken)

8	alte Semmeln (Brötchen)	Die Semmeln fein schneiden, mit der lauwarmen Milch übergießen und durchziehen lassen.
3/8 l	Milch	
100 g	Butter	Eine Schaummasse aus Butter, Eigelb und Zucker herstellen, den Zimt zugeben. Die Semmeln, die Kirschen und das geschlagene Eiweiß unterheben.
5	Eigelb	
100 g	Zucker	
1 TL	Zimt	
1 kg	Kirschen (entsteint)	
5	Eiklar	
	Butter	Die Masse in eine gefettete Auflaufform geben und bei 200 °C etwa 40–50 Minuten backen.

Grießklößchen mit Beerenkompott (Vollwertgericht)

1/2 l	Vollmilch	Die Milch mit der Butter in einen Topf geben, die Vanilleschote, die Zimtstangen und die Gewürze zufügen und bei mittlerer Hitze aufkochen.
20 g	Butter	
1	Vanilleschote	
2	Zimtstangen	Den Topf von der Herdplaste nehmen, die Vanilleschote und die Zimtstangen herausnehmen.
1 Prise	Meersalz	
10 g	Rohrzucker	
1 Prise	Muskat	
200 g	Vollkorngrieß	Den Grieß unter Rühren auf einmal hineinschütten und so lange rühren, bis sich die Grießmasse als Kloß vom Topfboden löst.
1	Ei	Das Ei verquirlen und mit einem Kochlöffel unter die Grießmasse rühren. Mit Zimt abschmecken.
	Zimt	
2 L	Wasser	Mit einem Kaffeelöffel gleichmäßige Klößchen formen und bei geringer Hitze garziehen lassen. Abgießen und gut abtropfen lassen.
500 g	gem. Beeren	Die Beeren verlesen, waschen, gut abtropfen lassen. Die Speisestärke verrühren und kochen lassen. Die Beeren hineingeben und mit dem Zucker abschmecken.
1/2 l	Kirschsaft	
1 EL	Speisestärke	
50 g	Rohrzucker	
40 g	Butter	Die Grießklößchen von beiden Seiten kurz in der heißen Butter anbraten und auf dem Beerenkompott servieren.

Getränke

Alkoholfreie Bowle

500 g	frische Aprikosen, Pfirsiche oder Erdbeeren	Das Obst waschen, evtl. häuten, in kleine Stücke schneiden.
3–4 EL	Zucker	Zucker über die Früchte geben und kurz ziehen lassen.
	Zitronenlimonade oder Apfelsaft	Mit Zitronenlimonade oder Apfelsaft und Mineralwasser aufgießen.

Zitronen-Pfefferminztee

4 EL	Pfefferminztee	Den Tee in einem Teesieb in eine Kanne geben und mit dem Wasser überbrühen und 10 Minuten ziehen lassen. Den Tee herausnehmen, den Zucker zugeben und abkühlen lassen.
3/4 l	kochendes Wasser	
4–6 EL	Zucker	
	Zitronenspalten	Den Tee mit den Zitronenspalten in hohen Gläsern anrichten.

Zitronen-Orangen-Eiswürfel

3	Zitronen	Die Zitrusfrüchte auspressen.
3	Orangen	
je 4 EL	Mineralwasser	Das Wasser zu den Säften geben, in Eiswürfelbehälter füllen und gefrieren lassen. Zum Verfeinern von Früchtetees, Bowlen und Fruchtsaftgetränken.

Himbeermilch

300 g	Himbeeren	Die Himbeeren waschen und pürieren.
3/4 l	Kefir	Die übrigen Zutaten zugeben und alles schaumig aufschlagen, abschmecken, verteilen und garnieren.
1 EL	Zitronensaft	
1 Päck.	Vanillinzucker	

Schokoladenmilch

8 Kugeln	Schokoladeneis	Das Schokoladeneis mit der Milch im Mixer gut verrühren. Auf vier Gläser verteilen.
1/2 l	Milch	
1/2 B.	süße Sahne	Mit der geschlagenen Sahne Tupfer darauf setzen und mit dem Kakao bestäuben.
1 TL	Kakao	

Rezeptverzeichnis

Suppen

Feine Lauchsuppe	68
Fischsuppe mit Krabben	129
Flädlesuppe (Pfannkuchensuppe)	116
Gratinierte Zwiebelsuppe	128
Kartoffelsuppe aufgeschmelzt	128
Minestrone	129
Salzburger Meerrettichsuppe	128
Schwäbische Maultaschensuppe	129
Tomatensuppe	35

Hauptgerichte

Aal Grün	133
Berliner Leber	130
Cevapčici	133
Fleischteig (Grundrezept)	104
Gefüllte Eier auf Salatbett	21
Gefüllte Tomaten mit Vollkorntoast	90
Gefüllte Weinblätter	131
Grünkohl mit Kasseler	130
Hack Mack (Hamburger einmal anders)	79
Hawaiitoast	56
Käsespätzle	63
Kebab (Lammfleischspießchen)	133
Königsberger Klopse	131
Krautwickel	132
Nudelpfanne	16
Paella (Reispfanne)	134
Pizzatoast	56
Pfannkuchen	71
Reibedatschi (Kartoffelpuffer)	83
Reissalat mit Geflügelbrust	100
Rühreier Bauernart	98
Schäufele (Schweinebraten)	130
Schmackhafte Pausenbrote	52
Serbisches Reisfleisch	132
Spaghetti Bolognese	85
Steak Pie	134
Wurstsalat	121
Wurstschüssel mit Rührei	44
Züricher Geschnetzeltes	132

Beilagen und Gemüse

Apfel-Gelbe Rüben-Rohkost	112
Bauchstechala (Kartoffelnudeln)	136
Dünstgemüse (Grundrezept)	104
Grüner Salat, Essig-Öl-Marinade	56
Gurkendip	135
Kartoffelgemüse	136
Ratatouille	136
Reis mit Spinat	135
Schwammersoße (Pilzsoße)	135

Süßspeisen

Apfelküchlein	40
Beerenkompott	139
Biscotti	127
Crepes Suzette	138
Erdbeerbiskuit	37
Feine Quark-Obstspeise	75
Frisches Erdbeerkompott	94
Grießklößchen	139
Gekochte Creme (Grundrezept)	104
Haselnußcreme	104
Karamelcreme	104
Kirschenmichel	134
Knusperjoghurt	11
Krokant	59
Lütticher Waffeln	138
Obstsalat	27
Rote Grütze mit Sahne	138
Salzburger Nockerl	137
Sauerkirschbecher	20
Schoko-Birnen-Igel	60
Schokoladencreme	104
Schokoladen-Tiramisu	137
Schweizer Batzen	127
Topfenschmarren	94
Vanillekipferl	127
Zimtsterne	127

Getränke

Alkoholfreie Bowle	140
Früchteglögg	86
Früchtepunsch	127
Himbeermilch	140
Schokoladenmilch	140
Schwarzer Tee	86
Zitronen-Pfefferminztee	140
Zitronen-Orangen-Eiswürfel	140

Nährwerttabelle

Lebensmittel 100g eingekaufte Ware	Ei-weiß g	Fett g	Kohlen-hydrate g	Ballast-stoffe g	Vitamine A µg	B$_1$ mg	B$_2$ mg	C mg	Mineralstoffe Calcium mg	Eisen mg	Wasser g	Energie kJ
Milch/Milchprodukte												
Vollmilch	3,3	3,5	4,8	0	31	0,04	0,20	2	120	0,1	87,5	275
Milch (fettarm)	3,4	1,5	4,9	0	14	0,05	0,15	1	120	0,1	89,3	190
Buttermilch	3,5	0,5	4	0	9	0,03	0,15	1	110	0,1	91,2	150
Joghurt (Vollmilch)	3,3	3,5	4	0	32	0,05	0,25	2	150	0,2	87,5	310
Joghurt (1,5% Fett)	3,4	1,5	4,1	0	1	0,05	0,15	1	120	0,2	89,2	165
Sahne, saure	3,1	10	3,7	0	–	0,04	0,15	1	100	0,1	81,8	805
Schlagsahne (30%)	2,2	31,7	3,4	0	275	0,03	0,15	1	75	+	62	1265
Creme fraiche	2	40	2,5	0	–	0,04	0,15	1	100	0,1	54,5	1204
Kakaotrunk	3,5	0,5	10	0	–	0,05	0,20	1	120	0,3	85,5	245
Eier												
Hühnervollei, Stück ca. 57 g	12,9	11,7	0,6	0	265	0,05	0,05	+	30	1,0	73,8	350
Hühnerdotter	16,1	31,9	0,3	0	1490	0,30	0,10	+	140	7,2	50	1575
Hühnereiklar	10,9	0,2	0,7	0	+	0,02	0,05	+	11	0,2	87,5	230
Käse												
Doppelrahm-frischkäse (60%)	4,5	28	4	0	325	0,05	0,30	+	65	–	61,1	1485
Emmentalerkäse 15% Fett i.Tr.	28,9	30	1,2	0	325	0,05	0,35	+	102	0,6	36	1555
Edamer Käse, 25% Fett i.Tr.	24,4	3	0	0	230	0,05	0,35	+	710	0,7	47,5	1320
Camembert, 20% Fett i.Tr.	23	14	1	0	200	0,05	0,65	+	600	0,2	61,5	955
Schmelzkäse 15% Fett i.Tr.	14	24	6	0	300	0,05	0,40	–	200	1,0	55,5	1275
Speisequark, 10% Fett i.Tr.	12	11	4	0	99	0,05	0,20	1	600	0,3	72,5	695
Speisequark, mager	13,5	+	4	0	2	0,05	0,30	1	120	0,5	81,3	240
Speisefette/Öle												
Butter	1	83	0	0	650	0,01	0,02	+	13	0,1	15,5	3240
Margarine	1	80	0,4	0	590	+	+	+	10	0,1	18,1	3180
Butterschmalz	0,3	99,5	0	0	890	–	–	0	–	–	0,3	3752
Kokosfett	0,8	99	0	0	+	0	0	–	2	+	0,1	3870
Sonnenblumenöl	+	100	0	0	4	0	–	–	–	–	0	3885
Olivenöl	+	100	0	0	20	0	0	0	–	–	0	3880
Mayonnaise (80%)	1,1	79	3	0	3	0,05	+	6	19	1,0	15,1	3200
Mayonnaise (50%)	1	52	5	0	–	–	0	–	35	0,8	–	2130

Nährwerttabelle

Lebensmittel 100g eingekaufte Ware	Ei-weiß g	Fett g	Kohlen-hydrate g	Ballast-stoffe g	Vitamine A µg	Vitamine B₁ mg	Vitamine B₂ mg	Vitamine C mg	Mineralstoffe Calcium mg	Mineralstoffe Eisen mg	Wasser g	Energie kJ
Fleisch/Geflügel/Wurst												
Rinderfilet	19	4	+	0	+	0,10	0,20	+	12	2,6	76,5	525
Rinderleber	20,3	2,1	5,3	0	7760	0,30	2,70	28	7	6,6	69,9	550
Rinderhack	20	13	+	0	+	0,10	0,20	+	10	2,2	66,5	880
Hackfleisch, gem.	20	19	+	0	−	0,40	0,15	−	8	2,2	60,5	1060
Schweinebraten	15	21	+	0	+	0,70	0,20	+	8	1,5	63,5	1100
Schweineschnitzel	22,2	1,9	+	0	+	0,75	0,20	2	2	2,3	74,9	700
Fleischbrühe (verzehrfertig)	1	1	0	0	−	−	−	0	−	−	98,0	70
Gekörnte Brühe (Trockenp.)	24	8,5	5	0	−	−	−	−	−	−	1,5	805
Brathähnchen	19,9	9,6	+	0	7	0,05	0,10	2	9	1,3	70,1	450
Hähnchenkeule	18,2	11,2	+	0	−	0,05	0,18	+	11	1,4	69,7	375
Hähnchenbrust	22,2	6,2	+	0	−	0,50	0,60	+	10	0,8	70,6	330
Putenfleisch	24,1	1	+	0	−	0,10	0,05	+	20	3,0	73,7	525
Bierschinken	16,6	11,4	+	0	0	0,30	0,20	0	15	1,5	58,8	1025
Fleischwurst	9,9	28,5	+	0	−	0,20	0,25	−	9	2,5	56,4	1355
Leberkäse	12,4	27,5	+	0	−	0,05	0,15	−	4	2,0	57,0	1135
Leberwurst	12	40	1	0	1430	0,20	0,90	−	40	5,2	47,8	1840
Salami	17	47	+	0	3	0,15	0,20	−	35	2,0	35,8	2190
Schinken, roh	16	35	+	0	+	0,50	0,20	0	9	2,0	49,8	1440
Schinken, gekocht	19,5	20,8	+	0	+	0,50	0,25	0	10	2,4	60,6	1145
Speck, durchwachsen	9,1	65	+	0	+	0,40	0,15	0	9	0,7	25,8	2530
Bratwurst	12	35	+	0	−	0,40	0,10	−	5	1,0	52,8	1570
Wiener Würstchen	15	21	+	0	+	0,10	0,10	0	13	2,4	63,8	1100
Fisch/Fischwaren												
Aal	15	24	+	0	520	0,10	0,20	1	13	0,4	59,3	875
Goldbarschfilet	18	4	+	0	12	0,10	0,10	1	20	0,7	76,9	475
Kabeljau	17	+	+	0	10	0,05	0,05	2	11	0,5	81,1	325
Seelachsfilet	18	1	+	0	11	0,10	0,35	−	14	1,0	80,2	370
Forelle	19,5	2	+	0	23	0,05	0,05	−	9	0,5	76,3	220
Fischstäbchen, TK	16	7	20	−	−	−	−	−	−	−	−	840
Matjeshering	16	23	+	0	−	−	−	−	50	1,3	60,8	1190
Krabbenfleisch	18	1	1	0	18	+	0,05	+	75	2,0	78,4	350
Thunfisch in Öl	24	21	+	0	370	0,05	0,05	+	7	1,2	52,5	1270

Nährwerttabelle

Lebensmittel 100g eingekaufte Ware	Ei-weiß g	Fett g	Kohlen-hydrate g	Ballast-stoffe g	Vitamine A µg	B$_1$ mg	B$_2$ mg	C mg	Mineralstoffe Calcium mg	Eisen mg	Wasser g	Energie kJ
Getreideprodukte												
Corn-flakes	8	1	83	4	+	+	0,05	0	13	2,0	3	1625
Eierteigwaren (Nudeln)	13	3	70	3	60	0,20	0,10	0	20	2,1	10	1630
Vollkornnudeln	15	3	64	8	−	0,30	0,15	0	25	3,8	10	1435
Früchtemüsli	11	6	60,2	12	10	0,36	0,15	48	55	3,0	12	1550
Grünkern	12	3	62	9	0	0,30	0,10	0	22	4,2	13,5	1370
Haferflocken	14	7	66	7	0	0,40	0,15	0	65	5,6	4,8	1680
Puddingpulver	1	2	97	0	25	0,05	0,50	−	−	3,5	−	1464
Reis, Vollkorn	7	2	75	4	+	0,40	0,10	0	25	2,6	11,8	1550
Reis, poliert	7	1	79	1	+	0,05	0,05	0	5	0,6	10,8	1540
Roggenmehl, Type 1150	9	1	67,8	8	+	0,20	0,10	0	20	2,4	13,6	1490
Roggenvollkorn	11	1,5	59	13,7	45	0,30	0,15	0	23	4,0	15	1490
Weizenmehl, Type 1050	12	2	71	4	+	0,22	0,07	0	14	2,8	10,8	1550
Weizenmehl, Type 405	11	1	74	2	10	0,06	0,03	0	15	1,0	11,8	1540
Weizenvollkorn	12	2	61	10	50	0,30	0,15	0	40	3,0	14,8	1525
Paniermehl	13	1	72	3	0	0,10	0,05	0	25	1,2	10,8	1470
Knäckebrot	10	1	77	2	0	0,20	0,20	0	55	4,7	9,8	1590
Roggenvollkornbrot	7	1	46	7	50	0,20	0,10	+	45	3,3	38,8	1000
Semmeln (Brötchen)	7	1	58	0	0	0,10	0,05	0	25	0,6	33,8	1165
Semmelknödel	6	2	26	−	−	−	−	−	−	−	−	600
Weizenvollkornbrot	8	1	47	7	−	0,25	0,15	0	95	2,0	36,8	1010
Gemüse/Kartoffeln/Hülsenfrüchte/Pilze												
Blumenkohl	2	+	2	2	4	0,05	0,05	43	13	0,4	93,8	70
Blaukraut	1	+	4	2	4	0,05	0,05	39	25	0,4	93	90
Bohnen, grün, sterilisiert	1	+	4	3	33	0,07	0,15	4	34	1,3	91,8	95
Endiviensalat	1	+	2	1	145	0,05	0,10	7	40	1,1	93,7	55
Erbsen, grün, sterilisiert	4	+	11	4	70	0,12	0,05	9	20	1,8	80,2	275
Essiggurken	1	+	3	1	−	0,03	+	2	30	1,6	94	70
Feldsalat (Rapunzel)	2	+	2	2	500	0,05	0,05	27	27	1,5	93,6	70
Grünkohl	2	1	3	4	460	0,05	0,15	54	110	1,0	87,7	95

Nährwerttabelle

Lebensmittel 100g eingekaufte Ware	Ei-weiß g	Fett g	Kohlen-hydrate g	Ballast-stoffe g	Vitamine A µg	B$_1$ mg	B$_2$ mg	C mg	Mineralstoffe Calcium mg	Eisen mg	Wasser g	Energie kJ
Gurken, ungeschält	+	+	1	1	21	0,01	0,02	1	11	0,4	96,4	30
Kohlrabi	1	+	3	2	30	0,05	0,05	36	50	0,6	91,6	50
Kopfsalat	1	+	1	2	90	0,05	0,10	7	15	0,4	95	40
Lauch (Porree)	2	+	4	2	20	0,05	0,05	17	50	0,6	89	90
Gelbe Rüben	1	+	6	3	1120	0,05	0,05	5	30	0,6	88,2	120
Paprikaschoten	1	+	4	2	230	0,05	0,05	107	9	0,6	91	90
Petersilie	3	+	6	4	730	0,10	0,20	100	145	4,8	81,9	155
Schnittlauch	4	1	1,6	6	50	0,15	0,15	47	130	1,9	84	230
Tomate	1	+	3	1	130	0,05	0,05	23	13	0,5	94,2	75
Tomatenketschup	1	+	24	+	105	0,07	0,05	11	12	0,8	74	450
Tomatenmark	2	+	9	+	210	0,10	0,05	9	60	1,0	86	210
Wirsing	2	+	3	2	12	0,05	0,05	32	35	0,9	90	100
Zwiebel	1	+	8,8	2	5	0,03	0,05	8	30	0,5	88	175
Kartoffeln	2	+	15	3	4	0,10	0,05	12	10	0,7	77,8	285
Kartoffeln, geschält	2	+	19	3	5	0,10	0,05	15	13	0,9	75,8	355
Kartoffelpuffer	4	16	23	3	–	–	–	–	–	–	–	1035
Kartoffelpüree	3	3	16	3	20	0,11	0,05	10	40	0,7	–	420
Bratkartoffeln	2	4	17	3	5	0,11	–	10	14	0,8	–	490
Kartoffelsalat (mit Öl)	2	3	15	3	5	0,10	0,05	12	14	1,0	–	385
Pommes frites (erhitzt)	4	12	34	4	0	0,15	0,02	21	9	1,8	43,6	1130
Bohnen, weiß	22	1,6	40	17	65	0,45	0,15	3	105	6,0	11,6	1460
Erbsen	23	1,4	41,2	16,6	20	0,70	0,20	1	45	5,0	10,6	1500
Linsen	24	1	52	11	20	0,45	0,25	–	75	6,9	11,8	1480
Champignons	3	+	3	2	+	0,10	0,45	5	8	1,7	91,8	90
Pfifferlinge (Reherl)	1	+	2	4	+	0,01	0,15	2	5	4,0	91,5	60
Steinpilze	2	+	4	6	+	0,03	0,30	3	7	0,8	87,6	115
Obst												
Apfel	+	+	12	2	10	0,03	0,03	11	7	0,4	85,8	210
Apfelkompott	+	+	19	2	6	0,01	0,02	2	5	0,3	78,8	330
Banane	1	+	21	2	25	0,03	0,04	8	6	0,4	73,9	275
Birne	+	+	13	3	15	0,05	0,03	5	16	0,3	83,8	230
Erdbeeren	1	+	7	2	8	0,03	0,05	62	25	0,9	89,9	150

Nährwerttabelle

Lebensmittel 100g eingekaufte Ware	Ei-weiß g	Fett g	Kohlen-hydrate g	Ballast-stoffe g	Vitamine A µg	B$_1$ mg	B$_2$ mg	C mg	Mineralstoffe Calcium mg	Eisen mg	Wasser g	Energie kJ
Feigen (getrocknet)	4	+	61	10	9	0,10	0,10	2	190	3,3	24,5	1125
Grapefruit	+	+	9	1	2	0,05	0,03	30	13	0,2	88,8	120
Himbeeren	1	+	8	5	7	0,02	0,05	25	40	1,0	85,8	165
Kirschen	+	+	13	2	45	0,03	0,04	9	14	0,4	84,8	240
Kiwi	+	+	12	2	50	0,01	0,05	93	30	0,7	85,8	235
Mandarine	+	+	10	2	34	0,04	0,03	20	25	0,3	87,7	135
Orange	+	+	9	2	11	0,06	0,03	36	30	0,4	88,8	165
Pfirsich	+	+	10	1	70	0,05	0,05	10	5	1,2	88,8	175
Rosinen	2	+	66	5	5	0,10	0,10	1	30	2,7	23	1135
Weintrauben	+	+	16	2	5	0,05	0,03	4	20	0,5	81,3	295
Zitrone	+	+	5	+	2	0,03	0,02	34	7	0,3	94,8	75
Zwetschge (Pflaume)	+	+	14	2	33	0,07	0,05	5	13	0,4	83,2	245
Nüsse												
Haselnüsse	14	62	13	7	2	0,40	0,20	3	225	3,8	3,8	2890
Mandeln	18	54	3	15,2	20	0,20	0,60	1	250	4,1	5	2725
Walnüsse	15	63	14	5	4	0,35	0,10	15	70	2,1	2,8	2950
Süßwaren/Zucker												
Bienenhonig	+	+	81	0	+	+	0,05	2	5	1,3	17	1275
Halbbitterschokolade	5	30	54	+	+	0,08	0,08	0	60	3,0	11	2130
Kakaopulver	20	25	38	–	8	0,10	0,40	0	115	11,5	16,8	1975
Kokosflocken	2	18	69	4	0	0,03	+	2	10	1,2	6,8	1865
Konfitüre	+	0	66	3	0	+	+	8	10	+	30,8	1090
Nuß-Nougat-Creme	5	35	50	+	75	0,05	0,20	7	130	3,9	9,8	2300
Vollmilchschokolade	99	33	55	+	25	0,10	0,35	0	215	3,1	2,8	2355
Zucker	0	0	100	0	0	0	0	0	1	0,3	0	1650
Alkoholfreie Getränke												
Apfelsaft	+	+	12	+	7	0,02	0,02	1	7	0,3	88	190
Cola-Getränke	0	0	11	0	0	0	–	0	4	–	88,8	185
Limonade	0	0	12	0	–	–	–	–	–	–	87,8	190
Orangensaft	1	+	10	+	12	0,10	0,03	54	11	0,2	88,2	195
Zitronensaft	+	+	8	–	2	0,05	0,01	55	14	0,1	91,8	100

(Zeichenerklärung: 1 mg ≙ 1/1000 g ≙ 0,001 g   + = Vorkommen in Spuren
1 µg ≙ 1/1000 mg ≙ 0,001 mg   – = es kann keine Angabe gemacht werden)

Literaturverzeichnis

Altmann-Gädke/Klug/Simpfendörfer: Haushaltsführung und Haushaltspflege, Verlag Handwerk und Technik GmbH; Hamburg 1995

Busse: Der private Haushalt, Verlag Handwerk und Technik GmbH, Hamburg

Elmadfa/Aign/Muskat/Fritzsche/Cremer: Die große GU Nährwerttabelle, Gräfe und Unzer, München 1995, Neuausgabe 1996/1997

Gensthaler u. a.: Hauswirtschaft heute – Grundstufe, Stam-Verlag, Köln 1995

Gensthaler u. a.: Hauswirtschaft heute – Fachstufe, Stam-Verlag, Köln 1994

Groot-Böhlhoff/Farhadi: In Sachen Ernährung, Verlag Europa-Lehrmittel Nourney, Vollmer GmbH & Co, Haan 1994

Hansen: Die Ritter, nach Johannes Rothe, Ritterspiegel, Halle 1936, Prisma Verlag GmbH, Gütersloh

Hardt: Rationelle Hauswirtschaft, Verlag Handwerk und Technik GmbH, Hamburg 1994

Kauper: Praktische Hauswirtschaft – Nahrungszubereitung, Verlag Handwerk und Technik GmbH, Hamburg

Krafft (Hrsg.): Lernbereich Hauswirtschaft – Kopiervorlagen zum praktischen Unterricht, Cornelsen Verlag Schwann-Giradet GmbH & Co. KG, Düsseldorf 1992

Nesso: Rationelle Nahrungszubereitung, Verlag Handwerk und Technik GmbH, Hamburg 1993

Sauer/Stäblein: Hauspflege mit System, Verlag Handwerk und Technik GmbH, Hamburg 1993

Schönfeldt, Sybill Gräfin: Das große Ravensburger Buch der Feste und Bräuche – Durch das Jahr und den Lebenslauf, Ravensburger Buchverlag Otto Maier GmbH, Ravensburg 1993

Schlieper: Betrifft Mensch und Umwelt, 7./8. Schuljahr, Verlag Handwerk und Technik GmbH, Hamburg 1995

Stephan-Kühn: Viel Spaß mit den Römern, Arena-Verlag, Würzburg 1995

Stübler: Einführung in das Arbeitsstudium in der Hauswirtschaft, REFA, Verband für Arbeitsstudien und Betriebsorganisation e. V., Darmstadt, Beuth Verlag GmbH, Berlin

Bildquellenverzeichnis

Umschlaghintergrund: Bavaria-Bildagentur, Düsseldorf

Bauer Verlagsgruppe, Hamburg, S. 117/2; 119/1

Bauknecht Hausgeräte GmbH, Stuttgart, S. 29/2,3; 30; 31/1; 32/2; 34

Brüggen, H. u. J., Lübeck, S. 18

Comset, Helmut Ploß, Hamburg, S. 17

Dettmer (Hrsg) u. a., Gastgewerbliche Berufe in Theorie und Praxis, Hamburg, S. 83; 120

Dettmer (Hrsg) u. a., Kochen als Beruf, Hamburg, S. 74/1,2; 94; 97

Elger-Miehe, Anke, Die neue Schule der Nahrungszubereitung, Hamburg, S. 16; 27/1; 71

Gieseking, Ralph, Hamburg, S. 11; 27/1; 35/1; 37; 40; 44; 52; 56; 60; 63; 68; 75; 79; 98; 100; 116

Globus Kartendienst, Hamburg, S. 9/1; 12; 29/1; 43/1,2; 46

Imperial-Werke, Bünde, S. 31/2

Jahreszeiten-Verlag GmbH, Hamburg, S. 119/4; 124/1(Fotograf: H. Banderob); 124/2; 125/1(Fotograf: U. Ruhde); 125/2 (Fotograf: H. Banderob); 126/1 (Fotograf: S. C. Raben); 126/2 (Fotograf: H. Banderob)

Knaus-Verlag GmbH, München S. 48/1,2

Liebherr Hausgeräte GmbH, Ochsenhausen, S. 33; 101

Robert Bosch Hausgeräte GmbH, München, S. 32/3,4

Rommelsbacher Elektro-Hausgeräte GmbH, Dinkelsbühl, S. 32/1

Rosenheimer Verlagshaus GmbH & Co. KG, Rosenheim, S. 123

Schlieper, Cornelia, Arbeitsbuch Hauswirtschaft, Hamburg, S. 85

Stock Food Eising, München S. 72

Wagner, Uta, Gut geplant ist halb gelungen, Hamburg, S. 20; 21; 78; 90; 102; 121

WMF AG, Geislingen/Steige, S.117/1; 119/2,3

Beratungsstellen

Arbeitsgemeinschaft der Verbraucherbände e. V., Heilsbachstraße 20, 53123 Bonn

Arbeitsgemeinschaft Wohnberatung e. V., Heilsbachstraße 20, 53123 Bonn

Arbeitsgemeinschaft Hauswirtschaft e. V., Poppelsdorfer Allee 15, 53115 Bonn

Auswertungs- und Informationsdienst für Ernährung, Landwirtschaft und Forsten (AID), Konstantinstraße 124, 53179 Bonn

Bundesanstalt für Arbeitsschutz, Friedrich-Henkel-Weg 1–25, 44149 Dortmund

Institut für Haushalts- und Konsumökonomik, Inst. 530, Universität Hohenheim, 70593 Stuttgart

Deutsche Gesellschaft für Ernährung (DGE), Feldbergstraße 28, 60323 Frankfurt

Deutsche Gesellschaft für Hauswirtschaft (DGH), Mühlenstraße 8, 52080 Aachen-Haaren

Hauptberatungsstelle für Elektrizitätsanwendung (HEA), Am Hauptbahnhof 12, 60329 Frankfurt

Institut Wohnen und Umwelt GmbH, Annastraße 15, 64285 Darmstadt

Stiftung Warentest, Lützowplatz 11–13, 10785 Berlin

Umweltbundesamt, Birmarckplatz 1, 14193 Berlin

Bundesverband der deutschen Gas- und Wasserwirtschaft e. V., Josef-Wirmer-Str. 1–3, 53123 Bonn

Zentrale für rationelles Haushalten (Beratungsdienst der Sparkassen), Buschstraße 32, 53113 Bonn

Verbraucherschutzverein e. V., Lützowstraße 33–36, 10785 Berlin

Verbraucherzentrale Baden-Württemberg e. V., Paulinenstraße 47, 70178 Stuttgart

Verbraucherzentrale Bayern e. V., Mozartstraße 9, 80336 München

Verbraucherzentrale Berlin e. V., Bayreuther Straße 40, 10787 Berlin

Verbraucherzentrale Brandenburg e. V., Hegelallee 6–8, 14467 Potsdam

Verbraucherzentrale des Landes Bremen e. V., Obernstraße 38–42, 28195 Bremen

Verbraucherzentrale Hamburg e. V., Große Bleichen 23–27, 20354 Hamburg

Verbraucherzentrale Hessen e. V., Berliner Straße 27, 60311 Frankfurt/Main

Verbraucherzentrale Mecklenburg-Vorpommern e. V., Damgartener Chaussee 61, 18311 Ribnitz-Damgarten

Verbraucherzentrale Niedersachsen e. V., Herrenstraße 14, 30159 Hannover

Verbraucherzentrale Nordrhein-Westfalen e. V., Mintropstraße 27, 40215 Düsseldorf

Verbraucherzentrale Rheinland-Pfalz e. V., Große Langgasse 16, 55116 Mainz

Verbraucherzentrale des Saarlandes e. V., Hohenzollernstraße 11, 66117 Saarbrücken

Verbraucherzentrale Sachsen e. V., Burgstraße 2, 04109 Leipzig

Verbraucherzentrale Sachsen-Anhalt e. V., Am Steintor 14–15, 06112 Halle/Saale

Verbraucherzentrale Schleswig-Holstein e. V., Bergstraße 14, 24103 Kiel

Verbraucherzentrale Thüringen e. V., Wilhelm-Külz-Str. 26, 99084 Erfurt

Die Verbraucher Initiative e. V., Breite Straße 51, 53111 Bonn

Stiftung Verbraucherinstitut, Reichpietschufer 74–76, 10785 Berlin

Zeitschriften

AID-Verbraucherdienst. Auswertungs- und Informationsdienst für Ernährung, Landwirtschaft und Forsten e. V., Bonn.

Berufsgenossenschaft Nahrungsmittel und Gaststätten, Mannheim, Informationsschriften.

Der Verbraucher – Co-op-Rundschau. co op Verlag GmbH, Hamburg.

Die moderne Küche. Verlag Die Planung, Darmstadt.

Hauswirtschaftliche Bildung. Schneider Verlag Hohengehren GmbH, Baltmannsweiler.

Hauswirtschaft und Wissenschaft. Schneider Verlag Hohengehren GmbH, Baltmannsweiler.

Heizung, Lüftung, Klimatechnik, Haustechnik. VDI-Verlag, Düsseldorf.

Verbraucher Telegramm. Die Verbraucher Initiative e. V., Bonn.

ÖKO-TEST. ÖKO-TEST Verlag GmbH & Co. KG Betriebsgesellschaft, Frankfurt.

Rationelle Hauswirtschaft. Verlag Neuer Merkur GmbH, München.

Sicherheit in Heim und Freizeit. Aktion DAS SICHERE HAUS e. V., München.

Strompraxis. Verlags- und Wirtschaftsgesellschaft der Elektrizitätswerke mbH, Frankfurt.

Test. Stiftung Warentest, Berlin.

Verbraucherpolitische Korrespondenz. Arbeitsgemeinschaft der Verbraucherverbände e. V., Bonn.

Verbraucher-Rundschau. Arbeitsgemeinschaft der Verbraucherverbände e. V., Bonn.

Elektrohaushalt. Energie-Verlag GmbH Heidelberg.

gv-praxis. Deutscher Fachverlag GmbH Frankfurt.

Sachwortverzeichnis

A
Aminosäuren 74
–, essentielle 75
Ämterplan 26
Arbeiten, monatliche 10
–, tägliche 10
–, unregelmäßige 10
–, wöchentliche 10
Arbeitsplatzgestaltung 25
Arbeitsteilung, partnerschaftlich 10
Aromastoffe 105
Ausgaben, feste 23
–, veränderliche 23

B
Backofen 31
Backrohr 31
Ballaststoffe 55, 62
Baustoffe 54, 73, 82
Belastung, Boden 42
Benehmen bei Tisch 121
Besteck 118
Bevorratung 100
Bindemittel 105
Body-Mass-Index (BMI) 49

C
Calcium 91
Cholesterinspiegel 70

D
Darmtätigkeit 62
Depotfett 69
Doppelzucker 58
Duftstoffe 55

E
Eier 97
Einfachzucker 58
Einkaufen, umweltbewußtes 17
Eisen 91
Eiweiß 54, 73 ff.
–, pflanzliches 77
–, tierisches 77
–, Mangelerscheinungen 78
Elektroherd 30
Energie 57
Energiestoffe 54
Energiezufuhr 55
Ernährung, falsche 95
–, vollwertige 51

Erntedankfest
Erste Hilfe 15
Erstickungen 14
Essenszeiten 49
Eßzentrum 24

F
Farbstoffe 55
Festkreis 123
Fettbausteine 67
Fette 54, 65 ff.
–, feste 66
–, flüssige 66
–, pflanzliche 65
–, tierische 66
–, weiche 66
Fettsäuren 67
–, essentielle 69
–, gesättigte 67
–, ungesättigte 67
Fluor 92
Flüssigkeitsbedarf 81
Fruchtzucker 58

G
Garen, energiesparendes 31
Garmittel 105
Gasherd 32
Genußmittel 53
Geräteeinsatz 36
Geschirr 118
Geschirrspülen 27
–, Reihenfolge 27
Geschirrspülmaschine 33
–, Arbeitsweise 34
Geschmacksstoffe 55
Geschmackszutaten 105
Gewichtsklassen 97
Gewürze 105
Gicht 78
Glaskeramikkochfeld 30
Glycerin 67
Grill 32
Grundgararten 113
Grundmengen 106
Grundrezept 103
Güteklassen 19, 97
Gütezeichen 19

H
Haltbarkeitsdatum 101
Handelsklassen 19, 96
Hauptarbeit 26
Haushalt 7

Haushaltsbuch 22
Haushaltszucker 58
Hausmüll 43
Herd 29
Hersteller 19
Hygiene, eigene 28

J
Jod 91
Joule 55

K
Kalium 91
Kalorien 55
Kirchweihfest 123
Kleidung, richtige 15
Koch- und Backzentrum 24
Kochplatte (-stelle), automatische 30
–, normale 30
Kochsalz 93
Kohlenhydrate 54, 57 ff.
Kohlenstoff 59, 66, 74
Konserven 101
Körpereiweiß 77
Krankheiten, ernährungsbedingte 95
Küche 24 ff.
Kühlschrank 33

L
Lebensbedingungen 51
Lebensmittel 53
–, Auswahl 99
–, Lagerung 100
–, Mischen 111
–, Säubern 109
–, stärkehaltige 57
–, zellulosehaltige 57
–, Zerkleinern 110 ff.
–, zuckerhaltige 57
Lebensmittelgruppen, Verarbeitung 103
Leistungskurve 50
Lockerungsmittel 105
Löffelmaße 108
Lösungsmittel 82

M
Magnesium 91
Mahlzeit 117
Mahlzeiten-Rhythmus 50
Malzzucker 58

Mangelerscheinungen, Eiweiß 78
–, Mineralstoffe 93
–, Vitamine 87
Maßeinheiten 108
Mengenangabe 18
Mengenelement 91
Meßgeräte 108
Mikrowellengerät 32
Milchzucker 58
Mindesthaltbarkeitsdatum 18
Mineralstoff-Mangelerscheinungen 93
Mineralstoffe 54, 91 ff.
Monatsplan 10

N
Nacharbeit 26
Nährstoffe 53
Nahrungsmittel 53
Nährwerttabelle 142 ff.
Natriumchlorid 93
Normalgewicht 49

O
Organisationsplan 11
Ostern 124

P
Pflege, umweltfreundliche 45
Phosphor 91
Preis 19
Privathaushalt 7
–, Aufgabenbereich 8
Produktwerbung 17

Q
Qualität 19

R
Reinigungsmittel 45
Rezepte 128 ff.

S
Sauerstoff 59, 66, 74
Schnittwunden 14
Schutz- und Reglerstoffe 54
Serviettenfaltungen 120
Sicherheitszeichen 36
Skorbut 87
Sommerfest 125
Sonderausgaben 23
Sparen, Energie 45
–, Wasser 45
Spülzentrum 24
Spurenelement 91
Stärke 58, 60 ff.
Stickstoff 74
Strichcode 19
Stromunfälle 14
Stürze 14

T
Tagesplan 9
Tiefkühlkette 100
Tischkultur 117
Tischschmuck 120
Tischsitten 117
Transportmittel 82
Traubenzucker 58
Trockenprodukte 101

U
Übergewicht 49
Umweltbelastung 42
Unfall, Vermeidung 14
Unfallursachen 12

V
Verbesserungszutaten 105
Verbraucher-Beratungsstellen 18, 149
Verbraucherhilfen 17
Verbrennungen 14
Vergiftungen 14
Verkehrsbezeichnung 18
Verpackung, richtige 20
Verschmutzung, Luft 42
–, Wasser 42
Vielfachzucker 58
Vitamin-Mangelerscheinungen 87
Vitamine 54, 87 ff.
–, fettlösliche 88
–, wasserlösliche 88
Vorarbeit 26
Vorbereitungszentrum 24
Vorratsstoff 69
Vorratszentrum 24

W
Warenkennzeichnung 18
Wärmeregulator 82
Wasser 54, 81 ff.
Wasserstoff 59, 66, 74
Weihnachten 126
Werbung 17
Werkstoffe 38 ff.
Wertigkeit, biologische 77
Wirkstoffe 54, 88

Z
Zeit für das Wegräumen 36
Zeit für Reinigung 36
– Vorbereitung 36
Zellulose 58, 62
Zucker 60, 61, 64
Zusatzstoffe 19
Zutaten 103
–, Abwandeln 107
–, Austausch 107
Zutatenliste 19